99%の経営者は知らない中小企業のための正しいSNSマーケティング

富田竜介
TOMITA RYUSUKE

幻冬舎 MC

99%の経営者は知らない

中小企業のための正しいSNSマーケティング

はじめに

業種を問わず、あらゆる企業がマーケティングにＳＮＳを利用することが当たり前の時代になりました。総務省の２０１８（平成30）年の「通信利用動向調査」によると、すべての業種でＳＮＳの利用率が増えており、全体で36・7％となっています。また、別の調査では企業の約94％が、直近1年でＳＮＳマーケティングに関する予算を削減しなかったとしており、売上や顧客獲得への効果が認められている様子がうかがえます。さらに、２０２１（令和3）年の総務省の同調査では、全世代におけるＳＮＳ利用率（個人ユーザー）が全体で78・7％という数字が出ており、マーケティングにおけるＳＮＳの重要性を示しています。

既存のマーケティング手法と比べて、企業がＳＮＳマーケティングを行うメリットは多く挙げられます。例えばＸ（旧Ｔｗｉｔｔｅｒ）、Ｉｎｓｔａｇｒａｍ、ＴｉｋＴｏｋなどのＳＮＳは、ＰＲ投稿を利用しない限りはどれも基本的にコストをかけずに利用できます。そのため広告費を抑えながら、自社の商品・サービスの認知度向上が可能です。

また、24時間３６５日いつでも発信できるため、キャンペーンやイベントの開催告知、新商品の発表などにあたって、最も効果的なタイミングで発信することで注目度を上げ、より印象付けることができます。ほかにも、「シェア」「リポスト」などユーザーが閲覧した投稿を自身のフォロワーに共有する機能があり、投稿した自社の情報が拡散されることで、より大きな効果が期待できます。

中小企業にとっては、大企業と比べてマーケティングにあてられる人員や予算、リソースに限度があるため、ＳＮＳの活用はより効果的なものになるはずです。しかし、売上アップを見込んでＳＮＳマーケティングに取り組むものの、期待した成果が上がらないと頭を悩ませる中小企業経営者は少なくありません。

私は、複数のスタートアップでマーケティングに携わってきた経験を活かし、2019年にSNSアカウント運用代行やSNSに特化したコンサルティングなどを行う会社を立ち上げました。これまでに累計250アカウントの支援実績をもち、SNSマーケティングに悩む多くの企業をサポートしています。

さまざまな企業の支援をするなかで、経営者から「フォロワー数を増やすにはどうすればいいのか」という相談を受けることが非常に多くあります。しかし私の経験からすると、フォロワー数増加を第一の目的にしてしまうことは必ずしもいい結果には結びつきません。これはSNSマーケティングに悩む企業の多くが陥っている落とし穴で、フォロワーの増加は売上アップに直結すると思われがちですが、実際はそうではないのです。フォロワー数にこだわるよりも、例えば投稿後短時間で「いいね」がついたり返信が来たりするような工夫をするほうが重要であり、効果的です。フォロワーの活発な動きがあることで、よりユーザーへの影響力が高いコンテンツであると評価されるため優先的に表示される可能性が高まり、多くの人の目に触れる機会を作り出すことにつながるからです。

ＳＮＳマーケティングにおいて真に重要なのは、いかに多くの人の目に触れる機会を作れるか、そして、反応のあったユーザーを中長期的なロイヤルカスタマー、すなわちファンとして確保できるかということです。

そのためには、ＳＮＳのアルゴリズム（簡単にいうと、ユーザーの画面に自社のコンテンツが表示されるための選別の仕組み）を理解し、アルゴリズムを意識してコンテンツを作りこみ、既存のフォロワーとのコミュニケーションをしっかりとり続けることなどが必要です。

少々難しい話に思えるかもしれませんが、基本が押さえられれば実際にやるべきことは明確であり、シンプルです。本書では、これからＳＮＳマーケティングを始めたいと考えている、またはすでに始めているけれど結果が出ていない中小企業の経営者に向けて、ＳＮＳの仕組みまで掘り下げた、実践的かつ効果的な指標の立て方や運用の方法などを解説します。一人でも多くの読者にとって、私の知見と経験が希望の光となれば幸いです。

目次

第2章　中小企業が陥る　SNSマーケティングの失敗あるある

第3章 SNSマーケティングの正しい指標の見方

フォロワー数だけ増えても意味がない！

第4章

支援会社に丸投げでは成功しない SNSマーケティングは自社で運用することで効果が最大化する

第5章

日進月歩のＳＮＳの世界……
潮流に乗ってSNSマーケティングを制す！

第1章

中小企業の99%が失敗する
SNSマーケティング

インターネットによってメディアの主役が変わった

Instagram（インスタグラム）、TikTok（ティックトック）、X（エックス＝旧Twitter）、LINE（ライン）、Facebook（フェイスブック）……これらが何を指しているのか分からない、という人はほぼいないと思います。それほどに私たちの生活に浸透しているSNS（ソーシャルネットワーキングサービス）は、今や生活や情報収集の中心となり、日を追うごとに存在感を増しています。特に若い世代にとっては、子どもの頃からスマートフォンやタブレット、SNSが存在していました。若い人たちにとってスマートフォンやSNSは、中高年にとってのテレビやラジオのように、あるのが当たり前の存在なのです。

２０００年代に入って以降、インターネットは年々高速化・高度化を続けています。パソコンや携帯電話の普及によって、人々がインターネットにアクセスすることは容易になりました。今やありとあらゆることをインターネットで行うのが当たり前になっています。買い物もその一つで、百貨店やショッピングセンターに出かけることなく、スマートフォンやパソコンを使って、自宅にいながらクリック一つで買い物を済ませることも可能なのです。

一方で、インターネットの普及はテレビやラジオ、新聞といったほかのメディアにも影響を及ぼしています。総務省の「令和４年版 情報通信白書」によると、全年代において平日の「ネット利用」時間の平均が、２年連続で「テレビ（リアルタイム）視聴」時間を上回る結果になりました。また、１日の中で該当の行動を15分以上した人が全体に占める割合を表す行為者率については、平日、休日ともに「インターネット利用」が「テレビ（リアルタイム）視聴」を上回っており、主要なメディアは、完全にインターネットに移行したことが読み取れます。特に10代や20代は、テレビや新聞をまったく見ないという人も増え、趣味や娯楽、生活に関する情報を得るために利用するメディアは、全年代および各世代で、「イン

[図表1] 主なメディアの平均利用時間と行為者率

〈平日1日〉平均利用時間　（単位：分）

		テレビ（リアルタイム）視聴	テレビ（録画）視聴	ネット利用	新聞閲読	ラジオ聴取
全年代	2017年	159.4	17.2	100.4	10.2	10.6
	2018年	156.7	20.3	112.4	8.7	13.0
	2019年	161.2	20.3	126.2	8.4	12.4
	2020年	163.2	20.2	168.4	8.5	13.4
	2021年	146.0	17.8	176.8	7.2	12.2
10代	2017年	73.3	10.6	128.8	0.3	1.5
	2018年	71.8	12.7	167.5	0.3	0.2
	2019年	69.0	14.7	167.9	0.3	4.1
	2020年	73.1	12.2	224.2	1.4	2.3
	2021年	57.3	12.1	191.5	0.4	3.3
20代	2017年	91.8	13.9	161.4	1.4	2.0
	2018年	105.9	18.7	149.8	1.2	0.9
	2019年	101.8	15.6	177.7	1.8	3.4
	2020年	88.0	14.6	255.4	1.7	4.0
	2021年	71.2	15.1	275.0	0.9	7.0

〈平日1日〉行為者率　（単位：%）

		テレビ（リアルタイム）視聴	テレビ（録画）視聴	ネット利用	新聞閲読	ラジオ聴取
全年代	2017年	80.8	15.9	78.0	30.8	6.2
	2018年	79.3	18.7	82.0	26.6	6.5
	2019年	81.6	19.9	85.5	26.1	7.2
	2020年	81.8	19.7	87.8	25.5	7.7
	2021年	74.4	18.6	89.6	22.1	6.2
10代	2017年	60.4	13.7	88.5	3.6	1.4
	2018年	63.1	15.2	89.0	2.5	1.1
	2019年	61.6	19.4	92.6	2.1	1.8
	2020年	59.9	14.8	90.1	2.5	1.8
	2021年	56.7	16.3	91.5	1.1	0.7
20代	2017年	63.7	14.4	95.1	7.4	3.0
	2018年	67.5	16.5	91.4	5.3	0.7
	2019年	65.9	14.7	93.4	5.7	3.3
	2020年	65.7	13.6	96.0	6.3	3.1
	2021年	51.9	13.7	96.5	2.6	3.0

出典：総務省「令和4年版情報通信白書」

〈休日1日〉平均利用時間

（単位：分）

		テレビ（リアルタイム）視聴	テレビ（録画）視聴	ネット利用	新聞閲読	ラジオ聴取
全年代	2017年	214.0	27.2	123.0	12.2	5.6
	2018年	219.8	31.3	145.8	10.3	7.5
	2019年	215.9	33.0	131.5	8.5	6.4
	2020年	223.3	39.6	174.9	8.3	7.6
	2021年	193.6	26.3	176.5	7.3	7.0
10代	2017年	120.5	20.6	212.5	0.5	3.6
	2018年	113.4	28.6	271.0	0.9	0.7
	2019年	87.4	21.3	238.5	0.1	0.0
	2020年	93.9	29.8	290.8	0.9	0.0
	2021年	73.9	12.3	253.8	0.0	0.0
20代	2017年	120.3	26.6	228.8	2.4	2.9
	2018年	151.0	32.8	212.9	2.1	2.1
	2019年	138.5	23.0	223.2	0.9	1.2
	2020年	132.3	26.5	293.8	2.0	1.9
	2021年	90.8	17.2	303.1	0.7	1.8

〈休日1日〉行為者率

（単位：％）

		テレビ（リアルタイム）視聴	テレビ（録画）視聴	ネット利用	新聞閲読	ラジオ聴取
全年代	2017年	83.3	22.2	78.4	30.7	4.5
	2018年	82.2	23.7	84.5	27.6	5.1
	2019年	81.2	23.3	81.0	23.5	4.6
	2020年	80.5	27.6	84.6	22.8	4.7
	2021年	75.0	21.3	86.7	19.3	4.2
10代	2017年	66.2	19.4	92.1	3.6	1.4
	2018年	67.4	27.7	91.5	3.5	2.1
	2019年	52.8	17.6	90.1	0.7	0.0
	2020年	54.9	25.4	91.5	1.4	0.0
	2021年	57.4	14.9	90.8	0.0	0.0
20代	2017年	67.6	24.5	97.7	7.9	2.3
	2018年	66.5	24.9	95.7	6.2	2.4
	2019年	69.7	19.9	91.0	3.3	1.9
	2020年	64.3	20.2	97.7	6.6	2.3
	2021年	49.3	14.0	97.2	2.3	1.4

ターネット」が最も高く、年代によっては80％を超える高い割合になっています。

パソコンを超えて広く普及したスマートフォン

２００７年１月、アメリカのアップル社から初代ｉＰｈｏｎｅが発売されたことがきっかけになり、スマートフォンが急速に私たちの生活に浸透しました。少し前まではパソコンを介してインターネットを楽しむことが主流でしたが、今ではスマートフォンが手元にあればいつでもどこでも気軽にネットにアクセスすることが可能です。もはやスマートフォンがないと生活が成り立たない状態にすらなりつつあるといえます。

スマートフォンが果たす役割は無限です。情報収集はもちろん、家計管理から仕事、商品の売買や発送の手配、銀行の口座管理、確定申告、住民票の交付請求まで、スマートフォンが1台あれば生活に必要なありとあらゆることを行うことができるのです。

［図表２］主な情報通信機器の保有状況（世帯）

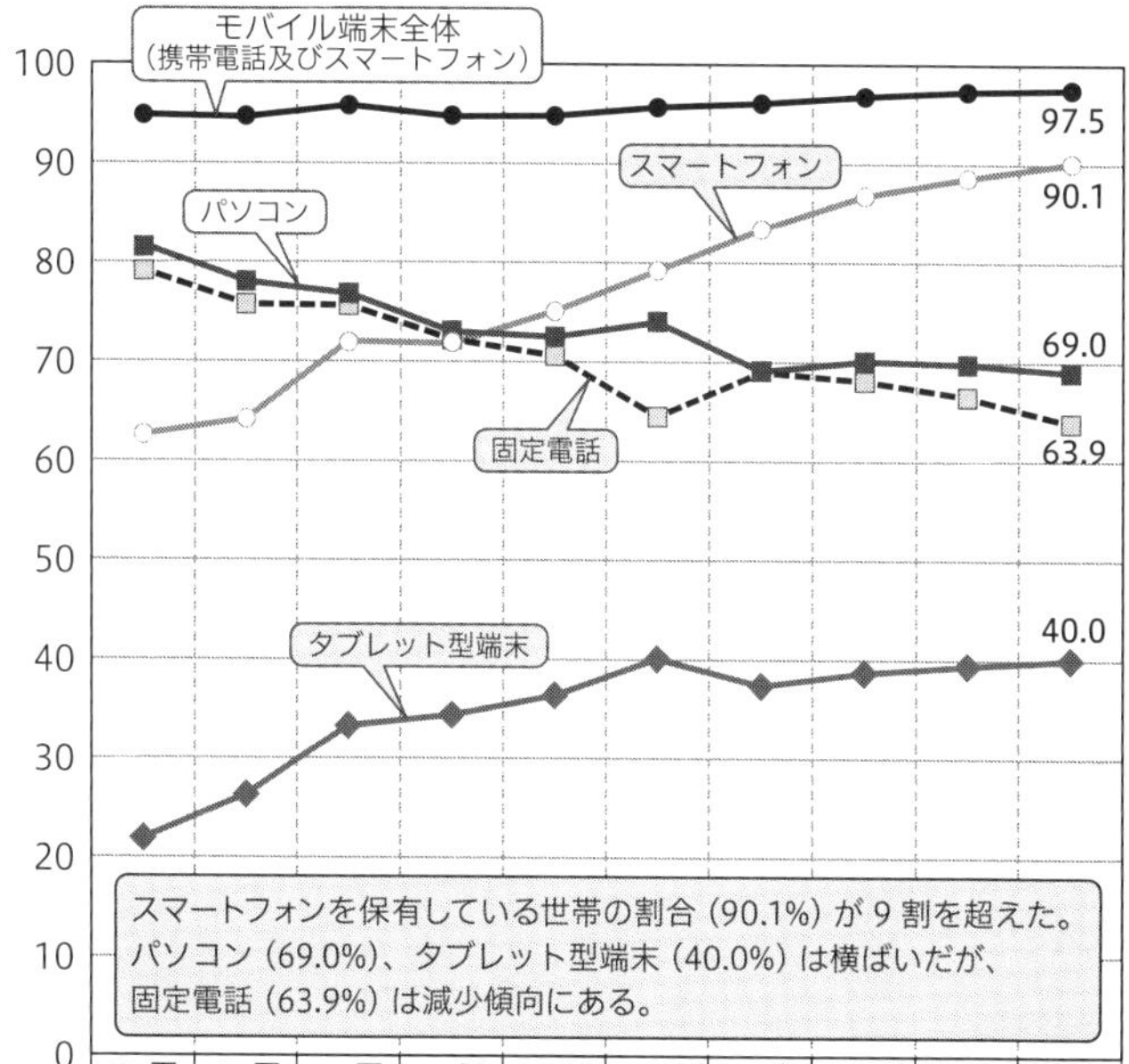

	平成25年（n=15599）	平成26年（n=16529）	平成27年（n=14765）	平成28年（n=17040）	平成29年（n=16117）	平成30年（n=16255）	令和元年（n=15410）	令和2年（n=17345）	令和3年（n=17365）	令和4年（n=15968）
固定電話	79.1	75.7	75.6	72.2	70.6	64.5	69.0	68.1	66.5	63.9
パソコン	81.7	78.0	76.8	73.0	72.5	74.0	69.1	70.1	69.8	69.0
スマートフォン	62.6	64.2	72.0	71.8	75.1	79.2	83.4	86.8	88.6	90.1
モバイル端末全体	94.8	94.6	95.8	94.7	94.8	95.7	96.1	96.8	97.3	97.5
タブレット端末	21.9	26.3	33.3	34.4	36.4	40.1	37.4	38.7	39.4	40.0

出典：総務省「令和４年通信利用動向調査の結果」

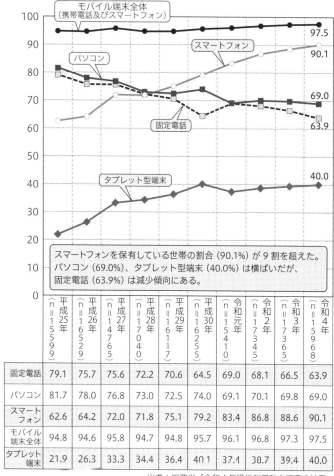

企業にとってSNSマーケティングが重要視されるのは、このライフスタイルの変化が大きいです。総務省の報道資料である「令和4年通信利用動向調査の結果」によると、2022年8月末時点で情報通信機器の世帯保有率を最も多く占めるのがスマートフォンで、世帯保有率は90・1%と群を抜いており、個人保有割合でも77・3%を占めています。インターネットを利用する際のデバイスについても、スマートフォンがパソコンを上回っていることから、年代や性別を問わずスマートフォンを利用する人が圧倒的に多いことが分かります。

スマートフォンの普及によってSNSマーケティングの重要性が高まっている

インターネットとスマートフォンの普及によって、現在のメディアの主役はSNSへと移っています。ＳＮＳの国内利用率は年々上昇しており、個人利用の割合は８割を超えることが分かっています。ほぼすべての年代で利用率が伸びていることから、老若男女問わずあらゆる人がＳＮＳを楽しみ、ＳＮＳから情報を得る時代になっているということです。もちろん商品・サービスの購入や検索がそれに含まれることはいうまでもありません。

ＳＮＳにはさまざまな種類がありますが、世界におけるサービスやアプリケーションの動向を見ると、世界の主要ＳＮＳでアクティブユーザー数が最も多いのは、２０２２年時点ではＦａｃｅｂｏｏｋの約29億人となっています。次いでＹｏｕＴｕｂｅの約25億人、ＷｈａｔｓＡｐｐ（メッセージの送受信やビデオ通話ができるサービス）の20億人、Ｉｎｓｔａｇｒａｍの14・7億人、と続きます。若者に絶大な人気を誇るＴｉｋＴｏｋは10億人、Ｘは４・３億人ですから、日本で知名度のあるものだけでなく、世界においてはさまざまなＳＮＳが利用されていることが読み取れます。

これらの情報から分かるように、ＳＮＳのもたらす影響力はかなり大きくなっており、世

[図表3] 主なメディアの平均利用時間と行為者率

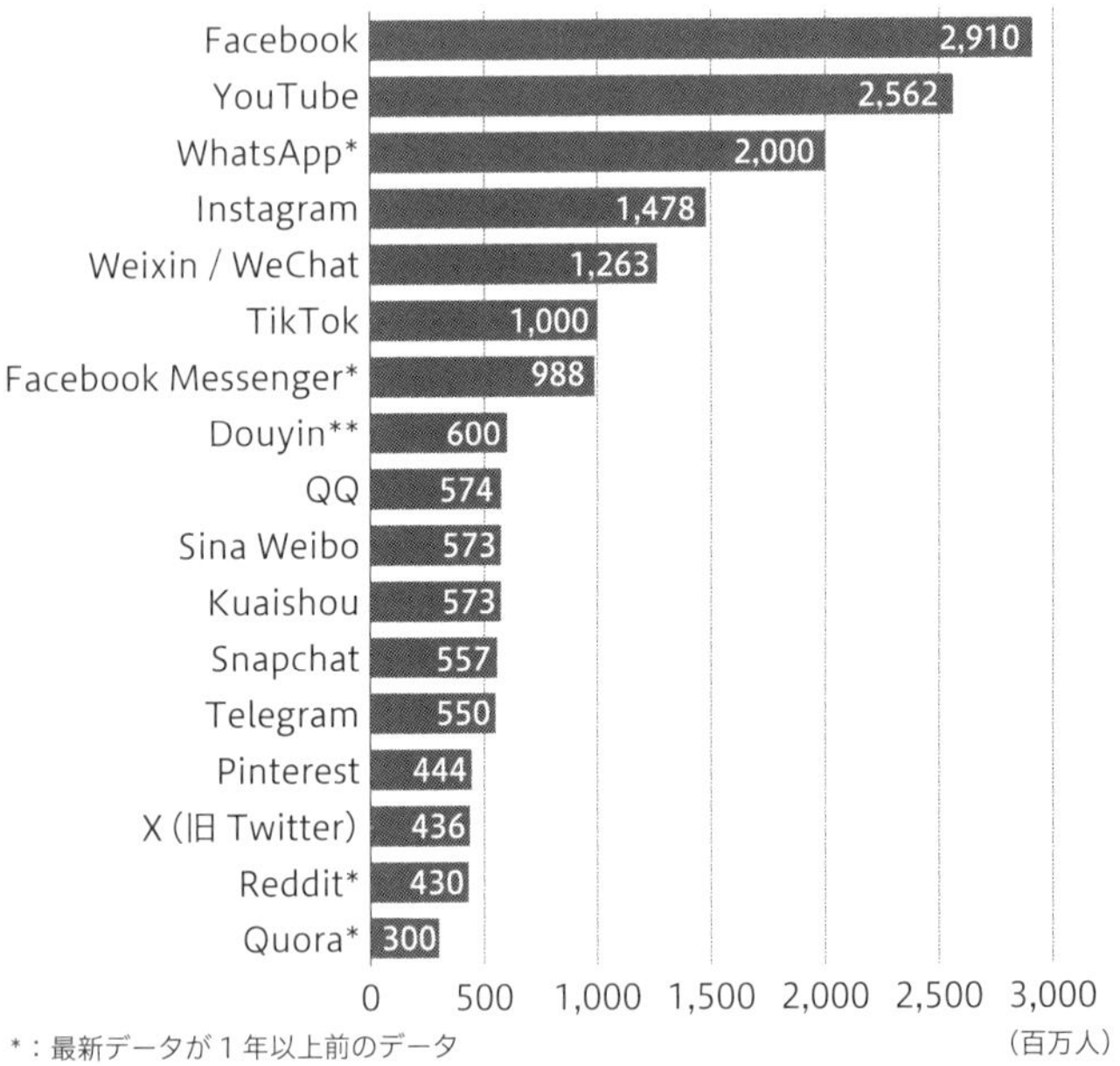

*：最新データが1年以上前のデータ
**：日次アクティブユーザー数

出典：総務省「令和4年版情報通信白書」

界規模であることは明白です。企業にとっては、これほど影響の強いSNSを効果的に使ったマーケティングができなければ、集客や売上の向上は難しくなっているのです。

　SNSマーケティングとは、SNSを活用することで、商品やサービスを売る仕組みを作ることを指します。SNSマーケティングの手法にはいろいろなものがありますが、代表的なものは次の手法です。

- 自社のＳＮＳアカウント運用
- ＳＮＳ広告の運用
- インフルエンサーマーケティングの運用
- ソーシャルリスニング

それぞれに特徴があり、メリットやデメリットもありますが、これらをすべてやったからといって売上アップに直結するかというと、必ずしもそうとはいえません。各ＳＮＳの持つ特徴や利用目的の傾向を的確につかんだうえで、自社に合った手法を見出せるかどうかで結果は大きく異なります。そして何より、その手法を継続して活用できるかどうかが重要です。

主流な6つのSNSとそれぞれの特徴

そもそもSNSとは、インターネットを介して他者とコミュニケーションを行うことを目的としたオンラインサービスのことです。一般的なSNSの特徴として、会員登録制（もしくは招待制）であることが挙げられ、アカウントを作成することで基本的に無料で各種サービスを利用することが可能です。

日本においてSNSを一般に広めたのは、まだガラパゴスケータイの全盛である2004年に登場した「mixi（ミクシィ）」です。mixiは日記の公開と、その日記に対するコメントを通して友人や知人とのコミュニケーションを楽しめるクローズドなSNSとして、当時の若者の間で大流行しました。

その後は日本に上陸したFacebookやTwitter（現在はX）が急速に普及

し、東日本大震災後の2011年6月にはLINEがサービスを開始します。気軽に他者と連絡が取れるツールとして普及したLINEの登場により、それまでSNSを使わなかった層も、SNSを利用するようになりました。こうしたSNSの多様化とユーザーの増加に伴い、多くの企業もSNS向けの広告を活発化させるようになってきたのです。

現在の主要なSNSは、主に次の6つです。

1．LINE

無料でチャットや通話ができるアプリとして、年齢・性別を問わず広く利用されている代表的なSNSです。日本のアクティブユーザー数は人口の70％以上にあたる9500万人にのぼります（2023年11月時点、「WE LOVE SOCIAL」の情報）。

個人が連絡を取り合うツールとしてはもちろんのこと、店舗、ブランドも企業アカウントを作り、フォロワーにブランドやお店のお得な情報を送り、ファンの獲得を狙えます。また、企業の公式アカウントとユーザーがトーク機能を通じて1対1でつながることができ、予約など個別の問い合わせへの対応も可能です。

2．X（旧Twitter）

１４０文字でつぶやきを投稿することが主な機能のSNSで、20代から30代の比較的若い世代に使われています。

投稿がユーザー間で次々と拡散されていくリポスト（リツイート）機能と、「#」を付けてその投稿に関連するキーワードを埋め込むハッシュタグ機能があり、ほかのSNSに比べて情報の拡散や検索がしやすいことが強みです。そのため自社商品やサービスの評判を収集、分析するために使う企業も多くあります。また、情報の速報性も強みの一つとして挙げられ、リアルタイムで起きている事象に対するユーザーのリアルな意見や反応が瞬時に集まる場といえます。

２０２２年10月に起業家のイーロン・マスク氏によりTwitter社が買収され、サービス名を「X」に変更したり有料の公式承認バッジ（青バッジ）を導入したりするなど、さまざまな変更が行われています。全世界に4億人以上といわれるユーザーを抱えるSNSだけに、今後の動向に注目が集まっています。

3. Facebook

2004年に当時ハーバード大学の学生だったマーク・ザッカーバーグ氏が開発したSNSで、2006年に一般公開されました。現在、全世界で29億9000万人の月間アクティブユーザー数を誇り（2023年3月時点、Meta社の発表による）、世界で最もユーザー数の多いSNSとされています。日本では2600万人が利用し、30代以上の中高年世代がメインユーザーです。

Facebookの最大の特徴は、やはり実名登録であることです。そのためリアルに近いやり取りができることが利点となります。現状は個人ユーザーが利用している印象が強いですが、実名で使うSNSだからこそ、一度ファンになってもらえれば投稿を追いかけてもらいやすいSNSであるともいえます。チャットグループでメッセージのやり取りができ、また趣味や出身地などのカテゴリーをもとにコミュニティを作りやすく、交流を広げるのに最適なメディアだといえます。Ｆａｃｅｂｏｏｋをホームページとして活用している企業や団体も多いです。

また、居住地や性別、年齢などの情報が実名でストックされているため、企業はこれらを使った正確な広告ターゲティングが可能です。ビジネスに関わる人々の利用も多いので、意思決定者である経営者などへのアプローチにも適しています。

4. Ｉｎｓｔａｇｒａｍ

主に写真や動画を投稿することがメインのＳＮＳで、同様のＳＮＳがほかになかったこともあり、女性を中心に若い世代から人気に火がつきました。日本でのユーザー数は３３００万人で、10～20代が半数を占めるといわれています。

「インスタ映え」という言葉があるように、基本的な傾向としてフォトジェニック（ムービージェニック）な投稿に注目が集まりやすいです。また、個人、企業にかかわらず写真や動画、文章を組み合わせて独自の世界観をつくり上げているアカウントが多いことも特徴です。アカウントの世界観が明確であればあるほど、ファンが増えて常に投稿を見てくれるようになり、企業が欲しいアクションをしてくれるようになります。

Ｉｎｓｔａｇｒａｍには、Ｘのリポストのように他人の投稿を拡散する機能はありませんが、ハッシュタグの機能は実装されているため、好みのジャンルの投稿を検索することが可能です。ユーザーの興味がある投稿のみ表示するアルゴリズムが採用されており、アプリ内の滞在時間が長いとされています。さらに、複数のキーワードを掛け合わせた検索が可能になったことで、より投稿の検索を加速させています。

画像や動画が投稿の中心であるため、商品の使用方法やビフォーアフターを検索するユーザーが多いことも特徴です。また、近年では写真や動画だけでなくイラストやテキストが中心の投稿も増え、投稿の幅が広がっています。

5. YouTube

２００５年アメリカでサービスを開始した動画共有プラットフォームです。日本国内のユーザー数は７０００万人で、年齢・性別を問わず幅広い層にユーザーがいます。

一つの動画を見ると関連動画として同じキーワード・タグが付けられている動画や同じ投稿者の別動画がアルゴリズムに基づいて表示される仕組みになっています。

単に個人で動画を視聴するだけの利用も可能ですが、Ｇｏｏｇｌｅアカウントでログインすればコメントやアンケート機能を使って、投稿者（ユーチューバー）やほかの視聴者と交流することができます。そのため、近年は主要なＳＮＳの一つとして数えられることが多いです。

6. TikTok

ＴｉｋＴｏｋはショートムービー、短尺動画と呼ばれる短い映像を載せるプラットフォームです。現在の10代半ば～20代半ばにあたる、いわゆるZ世代を中心に爆発的な人気を誇っています。近年は企業アカウントも多く見られ、商品やサービスの紹介を短い動画にまとめて投稿しています。

再生回数が伸びやすいSNSでもあるので、YouTubeをやるまでの編集能力はなくてもTikTokなら、という企業も少なくないようです。ほかのSNSのようにユーザーとコミュニケーションを図るものではありませんが、若い世代の流行を調べたり、自社商品やサービスを知ってもらったりする場として、大いに活用できます。

SNSの使用頻度が高い若年層ほど、こうしたSNSごとの特徴を把握して巧みに使いこなしています。例えば何かを検索するときはGoogleやYahoo!といった検索エンジンを使わず、XやInstagramでハッシュタグ検索をすることが若い世代の間では当たり前になりつつあります。それは、ニュース記事などの概説的な情報ではなく、よりリアルで身近に感じられる情報をキャッチしようとする傾向が強いからです。そのような傾向から考えても、さまざまなSNSを視野に入れてマーケティングをすることが求められています。

SNSマーケティングについてマネジメント層が勘違いしていること

実際にSNSマーケティングをしていくのにあたって、マネジメント層の多くはテレビやネット記事などで取り上げられた成功事例のような結果を思い描いています。ですが、現実的には失敗するケースのほうが圧倒的に多く、それに気づくことができていません。SNSマーケティングの支援を行うテテマーチが企業のInstagramの担当者を対象に行った調査では、実に75%が「上司や社内のメンバーが『Instagramをわかっていない』と感じる瞬間がある」と回答しています。これはInstagramに限った結果ではありますが、ほかのSNSにおいても同様の回答が多く挙げられることが予想されます。

私は、特に経営者・マネジメント層のなかにSNSマーケティングについて誤ったイメージをもっている人が多いように感じています。

代表的なものとしてはフォロワー数を増やせばよい、新商品の告知だけに使えばよい、短期的な取り組みで効果がすぐに得られる、アカウントの運用は支援会社に任せれば安心などが挙げられます。

フォロワー数を増やすことにこだわりすぎてしまうのは、SNSマーケティングで特に陥りやすい落とし穴の一つです。しかしフォロワー数を増やすことはあくまで手段であり、SNSマーケティングで達成すべき目標は、商品の売上アップや企業の認知度向上などであると明確にする必要があります。

さらに、SNSは新商品を知らせるだけの告知メディアだとしか認識していないケースも多く見受けられます。実際には投稿にいいねを送ったりリプライをしたりすることで、簡単に双方向でのコミュニケーションが可能なのですが、それにもかかわらず発信側→閲覧者という一方向の使い方しかできていないのです。

ＳＮＳマーケティングを実施したことによる結果を短期的にはかろうとする企業も多いです。しかし実際のところ、分かりやすい成果が出るまでには少なくとも半年から1年はかかるといわれています。投稿する画像や文章のテイストが散漫にならないように、コンセプトやトーンの共有などに長い期間を要するのが常です。

また、ＳＮＳアカウントの運用を支援会社に丸投げしている企業のなかには、それだけで売上アップやブランディングにつながると考えているところも多いです。多くの支援会社は利益優先でフォーマット化された提案をしがちです。例えば投稿する原稿を作成するだけの定額プランでよいにもかかわらず、画像や動画の作成を行うより高額なプランを勧めるようなケースはよくあります。企業も支援会社から提案された施策なら間違いないと深く検討しないため、自社の実態にそぐわないＳＮＳマーケティングをした結果、失敗してしまうのです。

商品の宣伝はもちろんのこと、市場調査やブランドイメージの向上など、ＳＮＳを運用する目標や目的は企業ごとにそれぞれ異なります。このことをしっかりと認識して、たとえＳＮＳ業務を委託するとしても、何のためにＳＮＳマーケティングを行うのかを明確にする必要があります。

このほかにもさまざまな誤解があるのが現状です。そして、これはＳＮＳマーケティングに限った話ではありませんが、お金さえかければ成功するという類のものではない、ということもしっかり理解しておいてほしいです。

特に経営者やマネジメント層には、どこかで見聞きした成功事例に惑わされることなく、ＳＮＳマーケティングをするうえで必要な知識と情報をとらえ直すことが大切だと思います。

ＳＮＳマーケティングにはリスクやデメリットもつきまとう

ＳＮＳはアカウントを作りさえすれば手軽に始められる反面、さまざまなリスクやデメリットも存在します。代表的なものをいくつか挙げると次のとおりです。

- 投稿内容に批判が集まり「炎上」するリスクがある

・発信してしまったコンテンツの修正が利きにくい
・成果が分かりにくい。またSNSアカウント運用には時間がかかる
・担当者の業務の負担が大きい
・コンテンツ内容が魅力的でないとファン化ができない

SNSは情報が一気に拡散する特徴を持つため、不適切な投稿や誤解を招くコンテンツが公開されると、短時間で多くのユーザーの目に触れることになります。それはSNSの特性上、炎上するリスクが常につきまとうことや、投稿内容がデジタルタトゥー化（デジタル情報がインターネット全般に公開され、将来の自分にとって不利益な情報が残り続けてしまうこと）してしまうリスクも孕んでいるのです。

こうしたリスクを避けるために、ノウハウのある支援会社に依頼すれば安心できるかというと、必ずしもそうとは限りません。SNS運用の業務を丸投げしてしまうことで、自社ブランドや商品イメージとSNSアカウントの発信内容に徐々にズレが生じ、気がつけば実態

とかけ離れたイメージを形成している、といった修正が利かないような状況に陥ることもあります。

「失敗は成功のもと」という言葉がありますが、ビジネスやSNSマーケティングにおいては必ずしも正しいことであるとは言い切れません。なぜなら、一つの失敗が取り返しのつかない事態を招いてしまい、企業や事業存続自体が難しくなってしまうのは珍しいことではないからです。ことSNSに関しては、ただ1回の不適切な投稿が致命的な損害につながる危険性もあります。

どのプロセスにおいても、細心の注意を払いながら最善を尽くして、不要なリスクは回避しなければなりません。

リスクヘッジをしながら、大きな可能性に挑戦を

ＳＮＳ運用は成果をつかむまで時間がかかります。しかし、その時間こそがファンを惹きつける要因になるのです。そのことに気づかず短期で成果を求めるあまり、本当は失敗していないのに成果が上がらないからという理由でＳＮＳの運用をやめてしまう企業が多いです。

とても残念なことで、せっかくそこまで積み上げてきたものがあるのに、安易にゼロ地点に戻すことを決めてしまうなど、もったいないとしかいいようがありません。途中で行き詰まったり、成果を感じない時期があったりしたとしても、継続さえしていればいずれ必ずつかめるものがあるのです。

ＳＮＳを取り巻く状況は頻繁に変化しますが、「顧客」は変化しません。ターゲット層の

嗜好や思考の変化スピードは、ＳＮＳのアルゴリズムよりずっと緩やかですから、企業はそのことを忘れてはいけません。

常にお客様が求めるものは何かを模索し、提供し続けることができれば、お客様はファンになり反応し続けてくれます。アルゴリズムハックに力を入れる必要はありませんが、各ＳＮＳの最新情報をキャッチアップすることは必要です。情報を常に更新しておくことが、リスク回避や新たなアイデアにつながることもあるからです。

私は、ＳＮＳマーケティングにおいて過去の成功事例の数々には意味がないと断言します。一昔前は、成功事例が意味を持ち、それを模倣する形で運用すれば、広告展開やＷＥＢマーケティングはある程度の成功につながりました。

しかし、ＳＮＳはとてつもなく速いスピードで進化を遂げています。ＳＮＳに動きがあると、そのわずかな瞬間にゲームチェンジが生じます。それはつまり、それまでの運用方法が根底からひっくり返ってしまうことを意味します。そのひっくり返るスピードがこれまでにない速さであることをしっかりと認識しなければ、せっかくＳＮＳマーケティングに挑戦したとしても必ず失敗に終わります。

逆にそれほど柔軟に形を変えるＳＮＳだからこそ、独自性を見出すことができれば、大手企業に引けを取らない成果をつかむ可能性を秘めているのです。

第2章

中小企業が陥る
SNSマーケティングの失敗あるある

SNSマーケティングがうまくいかない企業の特徴

2004年頃に、日本でSNSが流行してからというもの、SNSを利用するユーザーは右肩上がりに増加しています。それに伴い、あらゆる商品やサービスの購入をSNSを見て決めるユーザーが確実に増えてきました。SNSの影響力の高まりとともにSNSマーケティングの重要性が企業に認知されるようになり、ノウハウを説くような書籍やネット記事も世の中に溢れています。しかし、どこもかしこもSNSの運用に成功しているということは決してなく、むしろ失敗していると感じている企業も多いのが現状です。

SNSマーケティングが成功しない理由はさまざまですが、まずはSNSマーケティングに必要なSNS運用がうまくできていないことが挙げられます。加えて、SNSマーケティング、SNS運用において誤った認識を持つ人も多く、その点が影響していることも否めま

SNSマーケティングおよびSNS運用がうまくいかない企業の特徴

① ユーザーの購入までのプロセスを理解していない
② 顧客ファーストではない
③ リソースが足りていない
④ 経営と現場の足並みがそろっていない
⑤ 人材配置が合っていない

せん。SNSマーケティングの伸びしろはまだまだあり、だからこそ自社の優位性や独自性を構築することができる機会を秘めているわけですが、SNS運用をうまくできないことは大きな損失です。

SNSマーケティングおよびSNS運用がうまくいかない企業について、共通した特徴として挙げられるのが次の5つです。

① ユーザーの購入までのプロセスを理解していない

SNS自体が手軽に始められることもあってか、短期間で成果をつかむことができると思われがちです。しかし、そもそもSNSは時間をかけて中長期で成果を出すものだと、まず知らなければなりません。SNSごとの特徴を理解し、目標や戦略を考えなければなりません。

ユーザーがSNSで何かしらの商品やサービスを購入したり利用したりする場合に、1つのSNSのみで購入の意思決定をする人はほぼおらず、さまざまなSNSを使って購入に至ることが多いです。

例えば、ある商品に関する投稿をInstagramで見て、興味を持ったユーザーがいたとします。投稿にはショッピングタグを活用してWEBサイトに遷移させることで、ユーザーは即座に購入することができます。しかし、そのユーザーは購入リンクをクリックしません。リンクの存在に気づいていないのではなく、あえてクリックしないのです。

ユーザーが次にする行動は、別のSNSアプリを開くことです。商品名をチェックしてXに移動し、商品名の検索を行います。Xである程度の評判を調べたあと、次は検索エンジンでキーワード検索をします。口コミサイトなどでレビューを調べ、類似商品の有無や比較を行い、「購入しても問題はない」と確信を得てようやく購入に至るというわけです。

この意思決定から購入までのプロセスで注目すべきは、どこかに必ずＳＮＳが入っていることです。「どこから購入したか」という、いわゆるラストクリックだけに注目すると、ＳＮＳが果たしている重要な役割に気づくことはできません。これまでの手法だと、どの広告経由で売上が立ったかにだけ注目し、直接的なコストパーアクション（顧客獲得単価）ばかりを評価していました。それが基準となり、「Ｇｏｏｇｌｅのほうが検索広告効果が高いから、ＳＮＳをやめよう」という判断をしてしまい、ＳＮＳから撤退した結果、売上が大幅に減少してしまったという前例が数多くあります。しかし、巷ではＳＮＳが情報ツールとして駆使されていること、その役割から商品やサービスを知るきっかけや、購入を後押しするきっかけになっていることをきちんと認識できていれば、ＳＮＳ撤退のリスクがいかに大きいかを理解し、撤退などという判断はしないはずです。

②顧客ファーストではない

ＳＮＳマーケティングで最も重要なことは、顧客となるユーザーにいかに行動してもらうか、ということです。「いいね」やコメント、保存などのアクションにつなげるには、ユーザーがそうしたいと思うような投稿内容にしなければなりません。事業を展開する際に、「顧客ファースト」を理念として掲げる企業は多いですが、SNSマーケティングでも同じです。ユーザーが商品やサービスを知るきっかけになるのがSNSなのですから、「顧客ファースト」であるべきなのは間違いありません。

しかし、実際はそうではない企業が多いというのが私の印象です。本当に「顧客ファースト」でSNSマーケティングをするのであれば、どのような投稿が必要かは、購入者に聞くべきです。購入者に対してアンケートをとる、オンラインでユーザーヒアリングを行うなどをすれば、率直な意見や要望を得ることができると思います。実際に購入し、使用している人たちの意見が「答え」のはずなのですが、実際は自社の憶測や妄想でマーケティングをしてしまいます。そうなると、ターゲットからすべて外した内容の投稿をしてしまうリスクもあります。購入層はママ世代が多いと思っていたのに、実際の購入者は一人暮らしを楽しむ若年層の会社員が多かったとなれば、コンテンツや投稿はすべて的外れということになります。自分たちの憶測や妄想でSNSマーケティングを行い、的外れのSNS運用をした結果、機会損失を起こしていたという例は少なくありません。SNSマーケティングは「顧客ファースト」を念頭に置き、顧客中心に行うべきなのです。

③リソースが足りていない

この場合のリソースとは、SNS運用に割ける予算や人員のことを指します。厳密に言うと、リソースが足りていないというよりは、現状のリソースで足りていると考えている企業ほど、SNSマーケティングについての知識が浅く、うまく活用できていない、ということです。SNSを運用するには、相応の時間と手間がかかります。

例えば、YouTubeやTikTokなどの動画は、内容を企画、考案し、実際に撮影して編集、さらに動画をアップロードするタスクが発生します。これがなかなか大変な作業で、プロの業者であっても時間のかかる部分ですから、社内スタッフが行えば、さらに時間がかかるはずです。同時にXやInstagram、LINEなどのプラットフォームも攻略しなければなりませんが、これも片手間にできるものではありません。SNS運用を失敗する企業で多いのが、同じ担当者が広報や広告業務とSNS運用を兼務していることだと思います。その状況だと、時間的なリソースは圧倒的に不足するはずです。

また、SNSを効果的に運用するには、情報収集が欠かせません。特に、各SNSにおけるアルゴリズム（コンテンツの関連性により、ユーザーのフィードの投稿を並べ替える方法）の最新動向や特徴を意識して運用するのは、大変な労力を要します。

アルゴリズムとは、ユーザーにどのような投稿を表示するのかを決めるルールで、ユーザーが最もよく反応し、「いいね！」や保存、コメントなどのエンゲージメントにつながりそうな投稿を表示するよう、最適化を行います。アルゴリズムを意識せずSNS投稿をしてしまうと、当然ながら投稿のリーチは伸びません。ということは認知度や売上の向上につながる確率も下がることになり、思うような成果が得られなくなります。

SNSや検索エンジンのアルゴリズムは随時変化しています。ある日突然、それまで目にしたこともなかった広告やおすすめの投稿が表示されたら、それはアルゴリズムの最適化が行われたと捉えていいと思います。各SNSはユーザーをプラットフォームに長く滞在させるために、アルゴリズムの最適化を行います。しかし、最適化についての通知を行うことはほとんどありません。一方で、アルゴリズムを最適化することはユーザーがフォローしていないアカウントの投稿を積極的に表示させ、ユーザーとコンテンツの新しい出会いを創り出します。SNSの運用においては、アルゴリズムを意識して投稿をする必要がありますが、同時に投稿内容は上質なものであることが求められます。だからこそ、情報収集と分析を継続しなければなりません。この業務を行うには、かなりの時間や手間を要することになりますから、他業務と兼務するとなると、時間がいくらあっても足りません。

私がSNSマーケティング、およびSNS運用についてアドバイスをするときは、基本的に専任担当者を置くことが必要だと伝えます。理想的なのは、SNS運用についてある程度の知識を持つ人をメイン担当者として任命し、チームを組んでSNS運用に取り組むことです。しかし、それができる企業は多くありません。リソースを割けない企業の中には、支援会社に依頼をしてSNS運用に取り組むところもありますが、結局うまく活用できず、望む成果を得られずに終わるケースも多いのが現状です。

また、ＳＮＳマーケティングを最大限に有効活用するためには、経営層を含む社内の全員がＳＮＳ運用について理解を深め、積極的に関与する必要があります。専門的なことだから分からない、自分には無関係だなどと考え、最初から社外の会社に丸投げしてしまっては、望む成果は得られません。つまり、経営層を含む全社員が、ＳＮＳ運用における目的やビジョンを理解し、自ら率先してＳＮＳマーケティングをリードする意識をもてるかどうかで、未来は変わるということです。

④ 経営と現場の足並みがそろっていない

ＳＮＳ運用がうまくいかない企業で多いのが、経営層はＳＮＳについて無知に近いレベル、という状況です。逆にＳＮＳ運用を担当する現場スタッフは、ＳＮＳアカウントをもっていてＳＮＳについて熟知しているというケースです。つまり、現場スタッフはＳＮＳの実態や本質について十分に理解しているため、どういった施策が効果をもたらすのかをよく分かっています。しかし、経営層はそのことに気づいていません。にもかかわらず、ＳＮＳ運用やマーケティングの指示をするのは経営層なわけです。

例えば、経営者はまずフォロワー数を増やしたいと考え、プレゼントキャンペーンを実施するよう現場スタッフへ指示したとします。しかし現場スタッフは、そういったキャンペーンは自分たちの商品やサービスの実際の購入者ではなく、プレゼント目的の懸賞アカウントが増えるだけで、それが売上向上にはつながらないことをよく知っているのです。それでも経営層からの指示に従わないわけにはいかず、現場スタッフは意味がないと知りつつも時間と労力を割き、その施策に取り組むことになります。

当然ながら思うような成果にはつながりません。その場合、多くの経営層は現場スタッフの働きに問題があると判断してしまいます。そして経営層は現場スタッフに奮起を促しますが、そもそもの戦略にズレが生じているのですから、現場スタッフがどれだけ頑張ったところで成果につながるはずもないのです。残念ながら、現場スタッフの意見が経営層まで届くことはなかなかありません。現場スタッフはひたすら我慢を強いられることになります。意味がないことを延々とさせられ、成果が出ないとさらに業務が増えてしまう。この状態では、業務にやりがいを感じたり、会社のために頑張ったりする人は少ないと思います。

この状況が続くと、行きつくのは人材流出です。離職者が増え、ますます現場が回らなくなることは容易に想像ができます。最悪の場合は人材不足により、ブランドクローズや事業の縮小を余儀なくされるケースもあるのです。経営層は、日々発生する事柄に対応し、さまざまなことを考え続けなければなりません。その影響もあるのか、SNSについては現場の担当者任せ、あるいは外部の企業任せのところが多いと感じます。加えて、経営層でSNSアカウントを持っている人は少なく、SNSがどういうものか、どのように使うのかについての理解もできていません。情報収集は新聞やネットからのみという人も多いですが、顧客となる多くのユーザーが情報収集をするのはSNSです。本当に売上を伸ばしたい、認知度を向上させたいのならば、経営層もSNSについて知るべきです。

⑤人材配置が合っていない

現在のSNSは、1つのアカウント運用だけでリーチを取ることはなかなか難しくなってきました。ユーザーの情報リテラシーはかなり高いレベルにあり、ブランドアカウントの発信内容よりも、1ユーザーが投稿している発信を信じる傾向が強まっています。そのため、企業やブランドアカウントとして発信するよりも、ファンになってくれているユーザーがSNSに口コミや感想を投稿してくれる内容でアカウント運用を設計するほうが有効なのですが、そのことに気づいている経営層は少ないといわざるをえません。

今、SNSマーケティングでやるべきは、自社ブランドや商品のファンが、自らSNSに投稿してくれるような設計を仕掛けることです。KPI（重要業績評価指数）はメンション数、タグ付け数（自社の公式アカウントや商品プロモーションアカウントをタグ付けし、好意的な口コミを投稿してくれる数）をどのように増やすのかに重点を置き、それに即した目標を設定することが大切です。

ＫＰＩの設定は、目標達成までのプロセスを可視化してくれますが、それを知っているのが一部の人間だけでは意味がありません。ＫＰＩは社内全体で見ていくもので、メンバー一人ひとりが、今何をすべきかを把握することが重要です。このプロセスを共有できるからこそ、社内のベクトルが同じ方向を向くわけですが、これをするには、ＫＰＩの設定が正しいことが大前提です。ＫＰＩの設定が的外れだと、社内全体で的外れなことに注力することになるわけですから、そのリスクの大きさは説明するまでもありません。

またＫＰＩを設定する際に、経営陣の的外れな見解が入ってしまうと、売上と相関がないような指標の設定をすることになります。経営層のＳＮＳに対する理解不足は、現場のスタッフとの足並みを乱すだけでなく、社内全体が的外れな目標を追いかけるという非常にリスキーな事柄を招くことにもなりかねません。これは単なる注意喚起ではなく、実際に存在する多くの企業で起こっている事実なのです。ＳＮＳへの理解が追いつかないために、経営層の指示が現実に即さないものになることで生じるデメリットはあまりにも多いと私は断言します。

ＳＮＳマーケティングは、短期で結果を出すことには不向きです。バズることやフォロワー数を増やすことも、望む成果を得るための手段にはなりません。それらが成果に結びついたのは一昔前のことであり、今のユーザーの意思決定にはそぐわないことをしっかりと理解する必要があります。この先入観から経営層が抜け出せないでいると、その企業がいくら頑張ったとしても、ＳＮＳ運用で成果をつかむことはできないことを理解する必要があります。

ＳＮＳマーケティングを成功させるには、その土台となる環境が整っているかどうかが重要です。それが整っていない企業が、ＳＮＳマーケティングを成功させる確率は限りなく低いと考えなくてはなりません。ＳＮＳマーケティングを活用し、良質で有用な投稿を継続するには、相応の準備が欠かせないということです。

SNSマーケティングの間違った認識

これらのSNSマーケティングおよびSNS運用がうまくいかない企業の特徴について、特に中小企業の場合は失敗していた部分も多かったと思います。なぜ失敗が起こってしまうのかというと、それはSNSマーケティングに対する、そもそもの認識間違いがあるからです。

SNSマーケティングが重要であること、これまでの事例が通用しないということは分かっているけれど、なぜ重要なのか、なぜ事例が通用しないのかを理解しているケースは少ないと思います。そこで必要になるのが、SNSマーケティングにおいて、社内全員が同じ認識を持てるようにすることです。どのような認識が間違っているのか、それをシェアし、共通認識化を進めることができれば、経営層と現場の一体感を生むことにもつなが

SNSマーケティングおよびSNS運用の間違った認識

① フォロワー数だけを追った運用
② 直接的な売上だけを見る見当違いな指標の見方
③ リソースを割かない脆弱な組織体制
④「バズった投稿」についての誤った認識
⑤ 支援会社への丸投げ

るはずです。

ここからは、SNSマーケティングおよびSNS運用の間違った認識と具体例を紹介します。

① フォロワー数だけを追った運用

まず、最もありがちなのが、フォロワー数だけを追う運用です。フォロワー数を増やすことばかりに注力してもあまり意味がありません。フォロワー数が多いのに、売上が伸びずに悩む企業はとても多いという現状があるのです。

どのプラットフォームにおいても、現在評価の対象となるのはコンテンツの内容です。1つの投稿に対して、どれくらい「いいね」やコメントがつくか、投稿が保存されるか、外部の人にシェアされるかということが、評価の対象となるのです。

つまり、見た人が「いいね」をしたくなる、保存やコメントをしたくなるような投稿をしなければならないということです。この点を理解しておかないと、単にフォロワー数だけを追う誤った設計をしてしまい、本来得るべき目的と大きなズレが生じてしまいます。

目標設定や戦略設計については、意思決定から購入フローを大きな視点で見ることが欠かせません。データやフォロワー数などの数値にだけ注目し、設定を決めてしまうのは、大きなリスクが伴うことを理解してください。

例えばXで「このアカウントをフォローして、この投稿に対してコメントをしてくれた10名に、○○をプレゼントいたします」などとプレゼントキャンペーンなどを行います。すると一時的にフォロワー数は増えますが、得たい成果、つまり売上向上や認知度向上などとは違う方向に進んでしまいます。

理由は2つあり、1つは増えたフォロワーが、自社の商品やサービスに興味を持っていることは限らないこと、もう1つは、プレゼントキャンペーンのデメリットを分かっていないことです。

フォロワーを増やす方法だけにこだわると、間違えた運用に注力してしまい、そこから抜け出ることが難しくなるリスクもあります。確かにフォロワー数は伸びるかもしれませんが、売上や認知度の向上という、最も得るべき成果からは遠ざかる一方だということです。もちろん、自社の商品やサービスをプレゼントすることで、そのままユーザーになってもらえるという可能性もあります。

しかしそれを狙うのであれば、SNSアカウントにおいて、その人たちに刺さる投稿やコンテンツを育てていく必要があります。プレゼントキャンペーンでユーザー数が増え、一時的に売上が増えたとしても、そこで安心してしまってはその後の売上が伸びるはずもありません。その結果、フォロワーが増えることさえなくなり、打つ手もなく、3カ月程度でアカウントを閉じてしまうことが実際に起こってしまいます。

②直接的な売上だけを見る見当違いな指標の見方

ユーザーはＳＮＳを駆使して情報を収集し、総合的に判断してから購入というアクションを起こします。その商品を知ったのはＴｉｋＴｏｋだったけれど、Ｉｎｓｔａｇｒａｍで実際に使っている人の感想を調べて、Ｘで口コミ情報を検索し、最終的にＧｏｏｇｌｅのキーワード検索でさらに口コミを調べて、その結果、購入に至ったというケースが多いことを忘れてはなりません。

この場合、データだけで見ると、ＴｉｋＴｏｋやＩｎｓｔａｇｒａｍ、Ｘはラストクリックコンバージョン（最後にクリックされた広告やキーワードだけに貢献度が割り当てられるモデル）とはならず、Ｇｏｏｇｌｅだけを成果として把握し、企業は評価することになります。しかしよくよく分析してみれば、各ＳＮＳがあったからこそ購入というアクションにつながっているわけで、それを見ずに戦略を練ることは大きなリスクがあることを理解すべきです。もちろん、各ＳＮＳがどのような働きをしているかをデータ化することは、現時点ではできません。

明確な根拠があるとはいえない部分も多々あります。しかしそうはいっても、目に見えないダークソーシャル（ユーザー間のシェアのうち、アクセス解析ツールで参照元情報を判別できないもの）が無視できないことは十分理解できると思います。

ＳＮＳマーケティングにおいては全体最適が必須ですが、それをなかなか反映できない企業が多いと私は感じます。例えば、インフルエンサーマーケティングや、ギフティング（自社商品を提供してＳＮＳで紹介してもらうマーケティング施策のこと）を行ったとしても、成果の判断材料として活用するのは、ラストクリックコンバージョンのみで、それ以外は認めない傾向は、まだまだ強いです。

ＳＮＳの真の評価は、企業の目に入ることはほぼありません。これはユーザーヒアリングをして初めて分かることです。だからこそ、購入者アンケートをとり、ユーザーヒアリングをして、購入者の生の声を知る必要があるのです。なぜ商品を知ったのか、なぜ購入しようと思ったのかを問うと、回答の中にほぼすべてのＳＮＳが登場することを目の当たりにするはずです。

その意味では、直接的な評価やラストクリックの数のみで成果を判断するのは、ＳＮＳマーケティングとしては誤っているといわざるを得ません。ＳＮＳマーケティングでとらえるべきは、ユーザーの意思決定フローです。数値では見ることのできない購入までの流れについて把握しなければ、得たい成果からは遠ざかる一方になると認識することが重要です。

③リソースを割かない脆弱な組織体制

可処分時間（個人が自由に使える時間）で最も多いのは、ＳＮＳに費やす時間だといわれています（Ｇｌｏｓｓｏｍ株式会社調べ・２０２２年度で1日平均１３６・４分）。ですが、企業からすればユーザーが購入に至るなどの成果を追いづらく、正確に判断できない事象です。その点、広告は明確な数値で成果を確認することができます。企業としてはコントロールしやすく、成果につながりやすいので、そこにリソースを割く企業は多いです。

しかし、広告を表示したり広告動画を流したりするだけでは、企業側の一方的な発信しかできないため、時間をかけて顧客と交流し、ファンになってもらうことはなかなか難しいはずです。それを得意とするのが、SNSアカウント運用です。

SNSアカウント運用の強みは、中長期で運用すれば、本当にその商品やサービスを気に入ってくれる人がフォロワーとして集まり、その数がだんだん増えていくことです。

また、広告はフロー（流れる媒体）のため、広告展開のタイミングを外すとユーザーは広告を見ないわけですから、購入者に届かない可能性も多分にあります。しかし、アカウント運用はストック（蓄積する媒体）のため、発信を続けていれば知ってもらうタイミングは増え続ける一方ですし、フォロワーになってくれれば何度でもその人にアプローチすることができます。中長期での売上を考えた場合、実はSNSアカウント運用の貢献度が最も高いことが理解できると思います。

その意味でいうと、SNSを使って広告展開をする以外のチャネルが重要です。プレゼントキャンペーンやインフルエンサーマーケティング以外の投稿に対して、リソースを割かない組織体制をとる企業は多いですが、それは誤りです。通常の投稿にもっとリソースを割くべきで、なぜならユーザーは通常の投稿を見てファンになる人が多いからです。

ＳＮＳ運用で最も重要なのは、フォロワー数を増やすことではなく、商品やサービス、ブランドのファンを増やすことです。ファンを増やし、そこから口コミや「いいね」、コメント数を増やしていくことが、アカウントのエンゲージメントを高めることにつながります。それを踏まえてＫＰＩの目標設定や戦略設計をすべきであり、それができる社内の体制づくりに尽力すべきです。ＳＮＳマーケティングにおいての体制強化に着手しないことは、自社の商品やサービス、ブランドの宣伝を放棄することになるといえます。

④「バズった投稿」についての誤った認識

露骨に「バズらせる」ことを狙うのも、ズレが生じる要因です。「バズる」はネットユーザーが使う俗語で、特定の投稿や言葉、話題に対しての反応が突如、大幅に増加することを言います。短期間の間に投稿が多数シェアされる、トレンドになり多数の注目を集めるなどの状態を指し、バズるとそれだけ認知度が上がったように思えます。

しかし、バズるのは必ずしも良いことばかりではありません。私自身は「バズる＝短命になる」ことだと考えています。商品やサービスがバズって売れるようになったとしても、それがロングセラーになるのはまれで、ほとんどの場合、一時的なヒットで終わってしまいます。商品やサービスの内容云々ではなく、バズったことで売上が上がると勘違いしてしまう企業がほとんどだからです。

まず、バズったときの売上が「アベレージ」であると誤認識した企業は、その後の施策で手を抜いてしまいます。SNSでバズると、一瞬で多くの人に知ってもらえますが、知られるのが早い分、忘れ去られるのも一瞬であるということを理解すべきです。バズった投稿が沈静化するのも一瞬です。一瞬だけ光があたったものを人々の記憶に刻むのは、相当難しいということです。

また、中小企業の投稿がバズることにはリスクもあります。バズった投稿を見ているのは、個人ユーザーだけではありません。大企業や外資系企業のアカウントも見ていますから、バズった商品やサービスを知った大企業は後出しで同じような商品やサービスを売り出します。優位な価格帯を採用し、お金をかけて広告展開を仕掛けるはずで、そうなると中小企業は勝てません。これは資本主義社会で生きる我々は、避けて通れないことなのです。

だからこそ、リスクを意識してSNS運用をしなければなりません。大企業と同じ土俵で、中小企業が戦うべきではありません。中小企業は安易にバズることを狙うのはやめるべきです。むしろ投稿がバズらないほうが、中小企業は生き延びることができます。自分たちの企業規模を逆手にとり、コツコツとSNSを育てることこそが、成果を生み出す近道だと私は考えます。

⑤支援会社への丸投げ

SNSの重要性はなんとなく分かっているけれど、各SNSの特徴や動かし方などは理解できないからと、SNSの運用を支援会社へ丸投げする企業もあります。プロに任せるほうが早い、結果が出れば成功という考えも理解できますが、デメリットが多いことも知っておく必要があります。まずSNS運用を支援会社に任せてしまうと、社内にSNS運用のノウハウや経験が蓄積されないことが挙げられます。社内で実際にSNS運用をする人がいないことで、延々と支援会社に頼ることになってしまい、費用も重なっていきます。

また、商品やサービスのファンは、SNS運用の担当者が本当にその商品やサービスを愛している人かどうか気づいてしまいます。気づいてしまえば、ファンではなくなってしまうリスクがあるということです。SNSの真の目的は、ファンを増やしていくことですから、投稿に関しては数よりも質が重要です。ましてや日本は少子高齢化が進み、若者世代の人口は減少する一方です。ということは、数を追ってしまうと行きつく先にあるのは、頭打ちであることは誰もが容易に想像できます。

だからこそSNS運用の熱量を高め、ファンとなってくれる人を獲得していく必要があるのですが、SNS運用やマーケティングにそこまでのリソースを割けない企業が多い現状も分かっています。人員不足に悩む企業が、直接業務にリソースを割き、間接業務についてはアウトソーシングを検討することは、経営においては妥当な判断ともいえます。

私は、SNSマーケティングの運用を支援会社に委託すること自体が良くないとは思っていません。最終的には自社で運用をしたほうが良いと提案はしますが、それがどうしても難しい場合は、支援会社に依頼するのも一つだと考えます。ただし、依頼する会社や、依頼の仕方は十分に注意を払わなければなりません。やり方によっては、マイナスブランディングになるリスクがあるからです。

例えば自社での運用が難しいからと支援会社にアウトソーシングをし、早く成果を得たいばかりに投稿はできる限り多くしてほしいと依頼をします。すると一日の投稿数が多くなり、せっかくフォローしてくれたユーザーからも表示が多すぎることを理由にフォローを外されてしまうこともあります。またはフォロワー数の多いインフルエンサーにギフティング依頼をしたとして、自社のターゲット層とは合わないとコストだけがかかってしまうばかりか、本来のターゲット層から反感を買ってしまうリスクもあるのです。

SNSがユーザーとの交流の場であるということ、投稿やリプライ一つで、企業イメージは大きく変わることなどを十分に意識し、関わってもらいたいと考えています。

支援会社に委託をして、成果がつかめず、マイナスブランディングにつながってしまえば、それを覆すのは容易ではありませんから、最終的にはすべて自社に返ってくると考えてSNSマーケティングに取り組むべきです。

SNSマーケティングがうまくいかない要因は、大きく分けて企業側の理解が進んでおらず体制が整っていないこと、そして支援会社に関する実務と知識不足によるものだと認識することが何よりも重要です。

第3章

フォロワー数だけ増えても意味がない！

SNSマーケティングの正しい指標の見方

ユーザーはSNSでブランド名や商品名を検索する

ＳＮＳで情報収集をする人の数は増えていますが、ユーザーがその商品やサービス、ブランドを知る場所は、もちろんＳＮＳ以外にもあります。例えば、ブランドが店舗を持っていればそこで知る機会がありますし、雑誌やインターネットの記事で見かけたということもあると思います。仲の良い友人や仲間、家族などがブランドアカウントをフォローしていて、それで興味を持ったという例もあります。

ＳＮＳ以外でブランドや商品を知ったユーザーが次にどのような行動をとるかというと、ＳＮＳで企業やブランドのアカウントを検索します。その際に、大部分の人はアカウントのプロフィールをチェックしますが、特にＩｎｓｔａｇｒａｍはその傾向が強いと思われます。

最近では、著名な俳優やアーティスト、企業人もSNSの個人アカウントを持っています。所属事務所が発信するアカウントとは別に開設し、本人が運用していることが多いですが、彼らにとってSNSは名刺代わりだといえます。SNSを通してファンとの交流を楽しみ、時には宣伝活動も自ら行います。そのときにアカウントのプロフィール欄が担うのは、彼らの活動や人物像を端的に知らせることであり、海外進出を意識している場合は、英語で表記していることもあります。自分の世界観や作品などは、通常の投稿にストックしていくわけですが、彼らがSNSのアカウントをもたないことは、自分のことを知ってもらうツールがないのと同じです。それだと取引先はもちろん、ファンからも信頼を集めることができません。

これは企業も同じです。たまたま雑誌で見かけた商品が気になると、ユーザーが次にするのは、SNSでブランド名や商品名を検索することです。アカウントが見つかると、次はアカウントのプロフィールにアクセスし、その企業やブランドのことを知ろうとします。そこで気に入ればフォロワーになってくれたり、購入を検討してくれたりする確率が上がります。しかし、ＳＮＳアカウントがないとなると、その時点で購買意欲や興味は失われてしまいます。基本的なことですが、人は知らないものは買えませんし、欲しくならない限り買いません。興味がないこと（モノ）を詳しく検索しようとも思いませんし、そもそもどうでもいいことには反応すらしないのです。ユーザーの気持ちを動かし、行動に移してもらうのは企業側であることを忘れてはいけません。

また、今のＳＮＳはホームページ化しているともいえます。何かしらの商品やブランドを見つけた際に、ユーザーがするのはまずＳＮＳのアカウントを探すことで、残念ながらホームページを探すことではありません。ＳＮＳでアカウントを見つけられなかった、満足のいく情報を得られなかった、もっと世界観を知りたいなどの理由があり、ようやくホームページを調べるという人がほとんどです。だからこそ、ＳＮＳにおいてはユーザーの年代や属性に見合ったプロフィールを準備しておく必要があります。ユーザーが情報を探すときは、基本的にユーザー自身がメインで使っているＳＮＳから探しますから、アカウントはすべての

ＳＮＳで作っておきましょう。

ＳＴＰ分析で自社商品・サービスの現状を知る

ＳＮＳマーケティングやＳＮＳ運用を失敗させないためには、自社の商品やサービスが、市場においてどんな立ち位置にいるのか、現状を知っておく必要があります。それには、フィリップ・コトラー氏によって提唱された「ＳＴＰ分析」が役に立ちます。「ＳＴＰ分析」とは、市場を細分化し、市場での自社の優位なポジションを探すためのフレームワークです。

- Segmentation（セグメンテーション）：市場を細分化する
- Targeting（ターゲティング）：狙う市場を決める

・Positioning（ポジショニング）：自社の立ち位置を明確にする

特に新規市場参入や、新規商品、サービスの開発などに活用できますが、とてもシンプルで専門知識がなくても分析できることから、あらゆる業界で活用されています。これをSNSに置き換えて考えます。

「S：市場を細分化する」では、これから自社が参入しようとするSNSについて細かく調べます。

「T：狙う市場を決める」では、細分化したSNSの中で、自社がどのSNSを狙うのかを検討します。

「P：自社の立ち位置を明確にする」では、競合企業の商品やサービスを確認します。そのうえで、自社がユーザーからどのように位置づけられたいのかを明確にします。

各SNSの特性、そしてユーザーとの関係性を調べたうえで、どのSNSアカウントから構築していくのかを決めるのです。ここに時間をかけないことによって、企業とユーザーの間にズレが生じ、失敗の要因を増やすことになります。

私としては、この「ＳＴＰ分析」をすると同時に、インターネット上でのテストマーケティングを行うことが役立つと考えています。

簡単にできるものとしては、

- 各商品やサービスごとにキーワード検索をして、状況を確認する
- 商品比較サイトに出品し、ニーズを分析する
- 各ＳＮＳにテスト的に投稿する
- クラウドファンディングで応援数を確認する

これだけをテスト的にやってみるだけでも、見えてくるものはあるはずです。まったく反応がない商品やサービスは、そもそも見直すべき箇所がある可能性があります。

ユーザー同士の関係性を知る

各SNSの特徴やプラットフォームやSNS広告、ユーザーごとにSNSをどのように利用しているかを知ることも大切ですが、それぞれの関連性も知っておくことが大切です。SNS単体で運用すること、単体で広告を出すこと、または設計することを考えるのは無理があります。まずはSNS全体の相関図をつくり、企業としてどう設計、運用するのかを考えます。一つのSNSを点として考えます。各SNSを点とするなら、自社の商品やサービスにどのSNSが向いているのかを調べ、把握し、俯瞰して見ながら線につなぎます。そして面にしていき、多面的に運用していくイメージを持つことが大事です。面が広がり、次は立体的になっていけば、マーケティングとしては成功です。

つまり、SNSは単体で使うのではなく、自社の商品やサービスに合わせて複数で運用していくことを覚えておくことが重要です。

また、実際にSNSを使っているユーザー同士が、どんな関係性でSNSを使っているかも知っておく必要があります。SNSについて分析をすると、性別や年齢層で分けて考えられることがほとんどですが、人の特性や動向を考えた場合、性別や年齢層だけで分けるのは調査不足だと感じます。たった一人のことを分析するだけでも、性別、年齢、家族構成、住んでいる地域、所属しているコミュニティ、仕事、学校、趣味など、きっといろいろとあるはずです。それらをすべてとはいわないまでも、SNSマーケティングを考えるうえでは、ある程度分かっておくことが大切です。

改めてSNSの特性を考えたときに、家族や友人とLINEでつながり、学校や職場、地域コミュニティ、またセミナーやイベントで知り合った人とは実名登録のFacebookでつながり、実際に顔や名前を知らない人たちとはXやInstagramでつながり、次第にSNSでの交流が広がっていく、そんなイメージだと思います。ただZ世代といわれる

25歳以下の若い世代などは、友人とはＩｎｓｔａｇｒａｍでつながり、Ｆａｃｅｂｏｏｋはほとんど利用していません。情報収集のメインはＴｉｋＴｏｋです。当然ながら、これは全体で当てはめたときの話であり、一人ひとりで見ていくと必ずしも傾向どおりの人ばかりだとはいえないと考えています。

基本的に、コミュニケーションツールとしてのＳＮＳは身近な人たちとの交流に使われるものであり、インフルエンサーと呼ばれる人や、個人がビジネスで使うビジネスアカウントなどは、ＳＮＳ全体の10％にも満たないといわれています。だからこそ、自社の商品やサービスがどの属性に興味を持たれて、どこに発信していくべきかは常に考える必要があります。

ユーザー同士の関係性についてまとめると、3つに分かれます。

①プライベートグラフ

ビジネス的なつながりのない、私的な関係性のことをいいます。ソーシャルグラフから、

［図表４］ユーザー同士の関係性

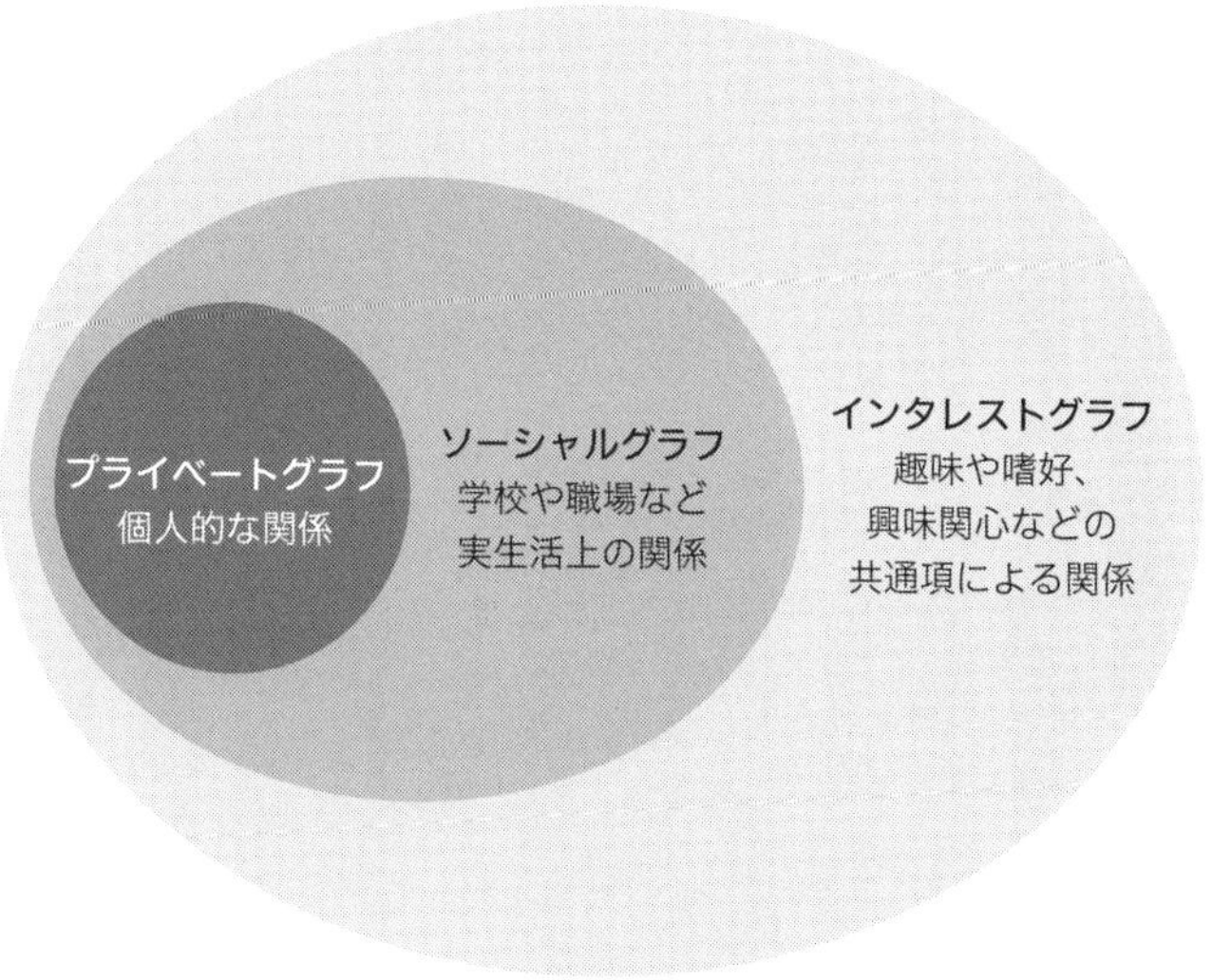

さらに細分化された関係性であるといえます。ＳＮＳのフォロー数は、おそらく１００人もいないはずで、濃い関係性の中でＳＮＳを利用しています。

②ソーシャルグラフ

匿名が当たり前だったインターネット上に、「実名登録の原則」を持ち込んだＦａｃｅｂｏｏｋが広がったことにより、小さなコミュニティから学校や職場などのリアルな人間関係のコミュニケーションがＳＮＳで実現しました。プライベートグラフから少し発展し、ＳＮＳ上でつながる人数も１００人単位で増えるはずです。

③ インタレストグラフ

それぞれの趣味や嗜好、興味や関心などを共通項として、ＳＮＳでつながっている関係性のことをいいます。人は相手との共通した部分を見つけると、一気に親近感が湧きます。実際に会ったことのない相手でも、ＳＮＳを通じて結びつきが濃くなる傾向が強いです。この属性は広がりに際限がないため、フォロー数も５００人、１０００人と増えていきます。

ＳＮＳ全体を見ても、９割がソーシャルグラフに入ります。人は基本的に、名前か顔のどちらかを知っている人とつながっていることが多いということです。ということは、自社の商品やサービスの口コミやシェアをしてくれるユーザーを探し、ファン化するためには、どの層に働きかけるべきなのか、おのずと分かるはずです。

ＳＮＳマーケティングにおいてソーシャルグラフへのアプローチが大切なのは、テレビＣＭ

や広告など、従来型のマスマーケティングのような大きな括りでは反応が取れなくなってきた経緯があるからです。また、SNSが広まってきたことでユーザーの消費行動が複雑になってきていることも挙げられます。これからのSNSマーケティングにおいては、ソーシャルグラフの存在をきちんと認識し、商品やサービスに合ったユーザーに対してアプローチをしていくことが大切です。

見込み客は他の利用者の声を参考にしている

時代の変化とともにオンライン化がどんどん進み、SNSの普及によって、情報収集や取得の方法も随分と様変わりしてきました。一方で、昔から変わらないことやモノもあるわけですが、その一つが「口コミの持つ影響力」です。興味を持った対象について調べる際に、メインツールとして使われるのはSNSですが、調べる情報は昔とそう変わらないはずです。特に、利用者の口コミや感想を必ずチェックするユーザーはかなり多いといえます。無形、有形に限らずSNSで見つけた情報だけで購入を決めることはなく、ほとんどのユーザーは内容や価格の情報、信頼できる商品（サービス）かどうかを基準にして検討します。企業側が発信する情報だけからそれを得るとは限りません。そもそもユーザーはすべての情報を懐疑的な目線で見ています。投稿にいくら良い言葉を羅列しても、信頼を得るには至らないと考えておくのが妥当であると思います。ならばどこで信頼感を高めるかというと、それが「他の利用者の声」ということになります。

ある企業が調べたところ、商品やサービスを購入する際に参考にするのは、友人や知人、家族であるという回答が最も多いことが分かりました（バニッシュ・スタンダード「商品の購入を迷っている際に、最も参考にする人」）。同調査ではインフルエンサーの声を参考にしているという回答もありましたが、ここで理解しておくべきことは、ユーザーはブランドの発信をあまり信用していないということです。これは意識的に信用しないというよりも、無意識にスルーされていると考えるほうが自然です。ユーザーは、商品やサービスの信頼感やお得感を知りたいと考えています。しかし、どの情報が信頼でき、どの情報が信頼するに足りないかは、自分で判断するしかありません。となると、参考にできる情報だと判断する際の基準となるのは「利害関係の有無」です。その商品やサービスの利益が上がると得をする人や、売上が上がらないと損をする人の情報は、純粋な評価であるとは判断しません。ということは、信頼度が高いのは友人や知人、家族になるというわけです。SNSでは「何を言うか」ではなく、「誰が言うか」が重要なのです。

しかし、人は「誰が言ったのか」を覚えていない側面もあります。矛盾するようですが、何かの話をしていて、話した内容は覚えているけれど、誰が言ったかは思い出せないということはよくあります。言ったのが誰かを明確に思い出せるのは、それなりのインパクトを伴う出来事や印象があるからこそで、ほとんどの場合、「誰が言ったか」はスルーしがちです。

SNSにおいてもそれは変わりませんが、口コミの場合は、その「誰」については、利害関係のない人であれば良いので、信頼性の高い人である必要はありません。それよりもユーザーが重視するのは、「利害関係のない誰か」の意見が多数あるかどうかです。この側面を見ると、口コミをしてくれるファンを獲得することが、いかに大切かが分かると思います。

ＳＮＳマーケティングは中長期的な施策があってこそ

ＳＮＳを活用し、短期間で新規顧客の獲得を狙ったとしても、大抵の場合はうまくいきません。それには明確な理由があり、そもそもＳＮＳはユーザーとの関係構築の場所であって、短期間でファンを集める場所ではないからです。ＳＮＳの持つ特徴や本質そのものが、短期間で成果を出すことには向いていません。

もっといえば、ＳＮＳのアカウントを開設したとしても、ユーザーに認知してもらうには時間が必要です。また、数値化できない要素が多いのもＳＮＳならではの特徴です。また

SNSが展開の速い情報媒体であることも、短期で成果を出せない要因の一つです。情報が一瞬で拡散されることもあるけれど忘れ去られるのも一瞬ですから、ユーザーの記憶に残るのは至難の業です。名の知られた大手企業でさえ、認知度を上げることやブランディングには苦労しているのですから、中小企業が短期で成果を上げるのがいかに難しいかが分かると思います。

例えばそれまで縁のなかった海外に進出をするとなった場合、短期で成果につなげることを意識するでしょうか？ アメリカに進出し、3カ月で日本市場並みの売上を出そうと計画しても、それがいかに非現実的なことであるか誰もが想像できるはずです。知名度がまったくない場所で認知度を上げるのは、相応の時間と手間、そして費用がかかります。少なくとも月単位ではなく、年単位で考えるべきことで、それを数カ月で実現するのは不可能に近いと誰もが分かるはずです。SNSの構築は、それと同じだと考えて、海外進出同様に、まずは居場所を作り、コツコツと投稿を重ね、存在を知ってもらわなければなりません。各

SNSの投稿数は膨大であり、その中から知ってもらうわけですから、数カ月で成果につながるはずがないのです。

SNSマーケティングを中長期的な施策として実行することには、実はメリットもあります。時間をかけてアカウントを育てることでファンが増えるわけですが、そのファンの人たちは、次のファンとなる人をどんどん呼び込んでくれます。

SNSは、そのときに感じたことや感情を伝えることに向いています。画像や短い文章などで表現したものをすぐに投稿できるため、ファンの熱い思いが伝わりやすい媒体なのです。例えば友人の投稿を見るうちに少しずつ気になり、いつの間にかその人や商品、ブランドを好きになっている、興味を持つようになったという経験はあると思います。友人や知人はもちろん、SNS上での知り合いで自分と似た嗜好をもつ人の投稿は気になってしまうものですし、つながりのある人が商品やサービスについて熱心に語る投稿ほど、効果的なプロモーションはないということです。

ですから、最初から中長期的な視点で戦略設計をすれば、必ず売上にも貢献します。企業がやるべきことは、ブランディングとコミュニケーションを活用したファン獲得であることを忘れないことです。

ユーザーからレコメンドをもらうには

商品やサービスについて、口コミで良いコメントをもらうための施策を4つ紹介しますが、それらはすべてファンの力を借りるものです。実施するには日頃からSNSを活用し、ファンやユーザーと信頼関係を構築しておかなければならないことを覚えておくことが大事です。

①ギフティング

SNSの利用者に対して、自社の商品を無料で進呈、あるいはサンプル品を提供し、商品の感想を任意で投稿などで紹介してもらいます。無償提供が基本ですが、良い感想を投稿してもらうことができれば、プロモーションにかかる費用を抑えることにつながります。

SNSに限らず、日本人はファーストペンギン（リスクを恐れず新しいことに最初に挑戦する人）になりにくい国民性があるといわれています。SNS投稿でいうと、使った商品が良かったので感想を投稿したいけれど、投稿内容がダサくならないようにしたいと考えがちです。その際、参考になる投稿がまったくないとなると、投稿自体ができなくなる人が多いのです。

ギフティングは、そんな最初の口コミになりにくいユーザーに対しても効果を発揮します。ギフティングにより、実際に商品を渡して投稿や口コミを意図的に増やしていくわけですが、商品を提供してもらったユーザーは、たとえ投稿が一つもなかったとしても「商品をもらったから」という理由で書き込みをしてくれます。いくつか投稿が増えれば、その口コミは他ユーザーが投稿する際の参考になります。そうすると投稿しやすくなるため、さらに口コミが増えることになり、これは有効な施策であると思います。

②プレゼントキャンペーン

プレゼントキャンペーンとは、企業が一定期間、クーポン配布や抽選でプレゼントを贈るなど、特別な企画を行って商品やサービスの宣伝をすることをいいます。これは、自社の商品をプレゼントにするのであれば、認知度の向上にはある程度の効果があるはずです。ただ、注意しなければならないことや、デメリットとなる要素を含んでいるということを理解したうえで実施する必要があります。

例えば、自社の取り扱っている商品が3万円の美容機器だったとします。プレゼントキャンペーンを実施し、フォロワーと「いいね」をしてくれた3名の方に美容機器をプレゼントすると銘打ったとします。当然ながら、一気にフォロワーは増えます。そこで注意しなければならないことは、新たなフォロワーとなる人たちの大半は、美容機器に3万円を出せない、もしくは出す気がない人たちだと知っておくことです。

となると、プレゼントキャンペーンが終了した時点でフォロワーになっているのは、商品を買えない、もしくは買う意志がない人たちということになります。お客様にならない何千人、何万人というフォロワーに対して新商品を案内したところで、そもそも購入に至る可能性は低いと考えるのが妥当です。

また、プレゼントキャンペーンで他社の商品をプレゼントする事例も多くあります。例えば人気のゲーム機や、なかなか購入できないゲームソフトがもらえるキャンペーンを開催したとします。そのキャンペーンでフォローをする人たちは、プレゼント目的であり、自社商品やブランド、サービスにはほとんど興味がない人ばかりです。プレゼントキャンペーンが終われば、さっさとフォローを解除し、そんなキャンペーンがあったことすら忘れてしまいます。要は、間違ったやり方でフォロワーを増やしても、自社のターゲット層ではない人を増やすだけだということを、認識しておくべきです。

現在は、コンテンツファーストのアルゴリズムに変化していることも理解しておかなければばなりません。いくらフォロワー数を増やしたとしても、本来は「いいね」やコメント数、保存数が多い、コンテンツの滞在時間が長い、などがあってこそ、ようやくフォロワーではない人の投稿に表示されるという形式になっています。プレゼントキャンペーンだけに興味をもちフォローした人は、基本的に投稿には反応しませんし、「いいね」やコメントをするなどのアクションも起こしません。それよりも、別の企業のプレゼントキャンペーンを見つけたらリポストする、「いいね」などのアクションをすることが常のため、結局フォローしてくれていてもあまり意味がないのです。いくらフォロワーが多くても、反応がないのであればリーチは伸びず、商品やサービスの購入にはつながりません。ならば、自社の商品やサービス、ブランド自体に興味をもってもらい、きちんと反応してくれる人にフォローしてもらうほうが有効です。

③ インフルエンサーマーケティング

インフルエンサーに対し、有償で投稿をお願いするものです。有償にすることで、確実に投稿してもらうことができますが、インフルエンサーであれば誰でもいいわけではありません。依頼するインフルエンサーの属性や投稿内容をチェックし、自社の商品やサービス、ブランドにふさわしいかどうかを見極める必要があります。やってしまいがちなのが、「うちのお客様はたぶんこういうのが好きな人が多いから、そういうタイプの人をアサインしよう」というような勝手な感覚や憶測でインフルエンサーを決めてしまうパターンです。コンテンツも同じで、「ユーザーはきっとママさん世代が多いから、ママ向けのコンテンツを作ろう」という提案がされますが、そこに根拠はありません。なぜユーザーにママ世代が多いのか、なぜそのインフルエンサーが適していると思ったのか、その理由を問われても具体的に答えられないケースが多いのです。

例えば、扱う商品がメイククレンジングの場合、「時短でメイクを落とすことができる」という点を前面に押し出して商品展開をしたとします。「時短」というワードを使い、子育てや仕事で忙しいママ世代をターゲットにして、コンテンツやSNS運用をしていきますが、実際の購入者を調べてみると、ママ層は意外と購入していないことが判明しました。どうやらママたちにとっては、この商品の価格が高かったようです。

しかし、商品の売れ行きは悪くありません。どの層が購入しているのかをさらに調べたところ、最も多いのは一人暮らしの会社員でした。となれば、インフルエンサーマーケティングはすべて、実際の購入層とはかなりズレたSNS運用をしていたことになります。もっと早く購入層について調べていたら、コンテンツやSNS運用の内容はまったく異なり、もっと売上も伸びていたはずです。

④アンバサダー

アンバサダー施策は、すでにある程度のファンがいる状態の場合に有効です。ある程度とは、ギフティングやインフルエンサーマーケティングを行い、徐々にファンが増えてきた時点です。そこでアンバサダー施策を行います。アンバサダー施策は、商品を提供したユーザーの声を活用し、認知の拡大やファン獲得を狙うもので、金銭的な報酬は支払わずに、自ら情報の発信をしたいと考える人を集めます。アンバサダー施策の実施は、次のように行います。

（1）アンバサダーを公募し、選出する

基本的に公募情報は、自社や自社ブランドを知っているユーザーに向けて発信します。そして応募者のなかから、過去の投稿の質や施策に対する熱量などをもとに、人材の選出を行います。

（2）商品の提供やイベントを実施

選出したユーザーに対し、商品もしくはサンプル品を提供します。また、意見交換会などのイベントを開催するケースもあります。その際は、ＳＮＳで紹介していない商品開発の裏話や、ブランドができた経緯などの話題を提供すると、ユーザーは投稿しやすくなると思います。

(3) SNSに投稿を依頼

ユーザーに投稿を依頼するときは、必ずしも良い感想や意見を述べる必要はないことを伝え、それよりは、率直に感じたことや思ったことを書いてもらえるように依頼すべきだと思います。そうすることで、投稿内容はよりリアルなものになるはずです。また、改善点や提案があれば、それも投稿に入れるように頼んでおきます。

アンバサダー施策のメリットは、ファンによる投稿のため、投稿内容の質が上がることです。そもそも自分がファンである商品やサービスについて語りたい人が多いので、商品やブランドの魅力や価値について、訴求力のある投稿をしてくれるはずですし、発信頻度の高さを期待することもできます。複数回に分けて投稿する人も多く、それだけ熱心なファンがいるということも他のユーザーに印象付けることができます。また、ここで紹介した施策は、いずれもファンの力を借りるものです。これを実施するには、日頃からSNSを活用し、ファンやユーザーと信頼関係を構築しておかなければなりません。

これらの施策は、どの企業でも実行できますが、だからといってどの企業でもうまくいくわけではありません。ブランドや商品、サービスの内容によっては、施策とうまくかみ合わなかったケースもあります。施策を実行したのにうまくいかず、失敗に終わってしまうケースで多いのが、最初から施策の規模が大きいことです。例えば、初めて取り組むギフティングが1000件、集めるアンバサダーは1000人など、企業規模によりますがリスクが高いといわざるを得ません。

初めて施策を実行する際は、小さく試すことから始めるほうが良いと思います。最初は小さな規模で試し、プロセスや結果からうまくいくと判断できたら、徐々に大きくしていくのが確実です。具体的には、ギフティングであれば10件、アンバサダーは1桁から始め、手応えがあれば徐々に件数や人数を増やし、段階を踏むようにします。

中小企業はリソースが限られる企業が多いため、施策を大きく試すとそれ以外のことは何もできなくなります。SNSで成果をつかむには、いろいろ試し、自社に見合った運用方法を見いだすことが大切です。また、失敗すると負う傷も大きくなり、場合によっては大きな危機を招くことにもつながりますので、十分に注意してください。

企業がやるべきは、ブランディングとコミュニケーションを活用したファン化

ここ最近のSNSでは、ショート動画がかなり流行しています。TikTokの影響により、YouTubeやInstagramなどで、ショート動画の投稿が可能になりました。SNSの投稿形式は、その時々でトレンドが変わります。ショート動画のメリットは、ユーザーが手軽に見られることと、長くても数分で終わるので動画を見ようと意気込む必要がないことです。また頭を使うことなく視聴ができるため、それも人気を後押しする理由だと私は考えています。

ＳＮＳマーケティングを進めていくと、このようなトレンドに乗るべきかどうかに迷うことが出てきます。ショート動画が流行していたとしても、商品やサービスにあてはめて考えたときに、すべてのケースで導入することが良いとは限りません。ＳＮＳはユーザーがすべてですから、重要なのは自社の顧客となる層がショート動画を見ているかどうかということです。いくらトレンドだとしても顧客となる層が見ていないのであれば、ショート動画を導入する必要はありません。ＳＮＳのトレンド導入についてはさまざまな視点からの検討が必要です。例えばショート動画を作るといっても、実際の作業には手間と時間がかかります。またブランドコンセプトと異なる動画を作ってしまうと、その世界観を一瞬で壊すことにもなりますから、そのリスクも含め、慎重に検討する必要があります。

ここで注意してほしいのが、安易な妄想マーケティングをしていないかどうかです。「世間はこうだから」とか、「ショート動画は受け入れられるはず」のような発想で導入を決めてしまうと、裏目に出る可能性がかなり高くなります。念のために顧客にアンケートを取ったら、ショート動画ではなくフィード投稿（Ｉｎｓｔａｇｒａｍでの最も基本的な投稿スタイル。投稿された画像や動画は、プロフィール画面に残される）をメインに見ている人ばかりだったというケースもあるのです。そうなると手間と時間をかけてショート動画を投稿したところで、そこに顧客はいなかった、ということが起こります。

それよりも大事なことは、ＳＮＳアカウントを通して企業の投稿を見せることだけに注力するのではなく、ユーザーと向き合い対話をすることです。ＳＮＳはそもそもコミュニケーションツールであり、関係構築をする場です。もちろん、新規顧客獲得のためにＳＮＳを使うこともありますが、そのためだけのツールではありません。ファンとなりそうなユーザーたちと積極的にコミュニケーションをとり、ファンを増やすように動かなくてはなりません。

そのためにやるべきことは、コメントやダイレクトメッセージ（ダイレクトメール）への対応です。ファンとなる人たちは、何かを知りたくてコメントやダイレクトメッセージを送るアクションを起こします。それに対していわゆる「中の人」が迅速に対応することは、ユーザーとの信頼関係構築につながります。

「中の人」とはSNSの運用担当者のことで、その役割は非常に大きいものです。SNSの発信で中の人を設定する場合、商品やサービス、事業内容に沿ったキャラクターを作り、運用していくことが必要です。無機質であるはずの企業アカウントから垣間見える中の人の存在感は、フォロワーやユーザーに親しみやすさを感じさせ、企業イメージに大きく影響します。家電メーカーのシャープや、ヘルスメーターなど計量機器の製造販売を行うタニタなど、中の人に好印象を抱いたから、その企業の商品やサービスの利用を決めたという例も少なくありません。そのため、中の人を誰が担当するかは、SNSマーケティングにおいて大きな鍵を握ると認識する必要があります。

各SNSの中の人は、フォロワーやファンとダイレクトメッセージやリプライを通して、直接やり取りすることもあります。ということは、中の人の対応一つで、フォロワーがファンになるのか、それとも離れてしまうのかが決まることもあるわけです。となると、中の人を担当するのは商品やサービス、ブランドについて知っている社員が適していることはいうまでもありません。

ＡＩの台頭が目覚ましい今、ＡＩを駆使してSNSアカウントを運用することも可能です。ＣｈａｔＧＰＴを活用して投稿内容を作る、リプライを作ることもできますが、それは結局ＡＩの言葉に過ぎません。ファンというのは、微細な違いにもすぐに気がつく鋭い感覚を持っている人がほとんどです。ＡＩの綴った言葉に何かしらの違和感を覚え、すぐに見破るのではないかと私は考えます。そして、それを好意的に受け取るファンはまれであり、多くの人は、企業アカウントが「手抜きをした」と捉えてしまうはずです。

ＳＮＳ以外のことに置き換えて考えてみると、例えばあなたが誰かのサービスに何かの手助けをしたとします。そのときに、相手から直接お礼を言われるのか、手書きの手紙で伝えられるのか、メールで伝えられるのか、ロボットを介して伝えられるのかでは、随分と印象が変わると思います。同じように感謝の気持ちを込めてくれていたとしても、どの方法が一番心に響くかを考えた場合、私個人の価値観だと、やはり直接「ありがとう」と言われるのが最も嬉しいと感じます。その人のファンになりますし、また利用したいと思うでしょう。対して、ロボットを介して伝えられる言葉には、心が動かないというのが正直なところです。

人と人とのコミュニケーションは、伝え方一つで、相手の受け取り方が大きく変わります。温もりや生命力など、人間らしさを感じることができる「血の通ったコミュニケーション」を望むのは、おそらく誰もが同じはずです。SNSアカウントを運用するのであれば、フォロワーやユーザーと「血の通ったコミュニケーション」を楽しむことにリソースを割き、多くのファンを獲得してほしいと考えています。

しかし現実的に、ユーザーへの対応にリソースを費やせる中小企業は多くありません。そのため、「問い合わせは企業ホームページから」のような誘導をすることになります。その際に「回答に○日かかります」と断りを入れる企業も多いですが、ユーザーの立場からすると、そのときに回答を知りたいケースがほとんどですから、それでは遅いのです。

例えば、スキンケア商品の購入を考えているユーザーがいたとします。ある成分にアレルギー反応が出やすいから、その成分が入っているかどうかを知りたくて問い合わせをしました。その回答に5日かかると言われたら、その時点で購入意欲や興味は失せてしまうと思います。

もちろん企業側にも事情がありますから、すぐに対応できないことは仕方ない側面もあります。しかし、SNSユーザーの動きはスピーディーですし、何日もかかる回答をゆっくり待ってくれる人はまれだと覚えておかないといけません。SNSで問い合わせをしたら、24時間以内に返答がある、というのがユーザーの意識です。多忙を理由にコメントやダイレクトメッセージに対応しないのは顧客との関係構築を放棄していることになります。そうなるとファンは増えません。それを踏まえ、コメントやダイレクトメッセージには可能な限り対応するようにしなくてはいけません。

どうしてもリソースの確保が難しい場合は、チャットボットなどのツールを使うのも一つです。チャットボットとは、チャットやインスタントメッセンジャーなどのサービスで、自動応答を行う会話型プログラムのことです。人間が回答しているかのように丁寧に応答するため、問い合わせや質問受付に利用されるようになりました。

例えば先ほどの化粧品の成分についての質問であれば、チャットボットやＡＩを活用して自動返信するようにしておけば、ユーザーはすぐに回答を得ることができます。とはいえ、化粧品の成分のような確定している情報を伝えることには向いていますが、チャットボットやＡＩにも向き不向きがありますから、すべてをチャットボットやＡＩで対応してしまうと、ユーザーに必要のない不信感を与えることになってしまいます。

中小企業の中には、リソースを費やすことなくＳＮＳで成果を出そうとするところもありますが、コミュニケーションの自動化はできません。人間が対応しないといけない部分は必ずあります。例えば、「友人にギフトを贈りたいので、ラッピングについて相談したい」という問い合わせには、人間が個別対応しなければなりません。丁寧にヒアリングし、ユーザーが期待する以上のものを提案することができれば、そのユーザーはリピーターになってくれる可能性も出てきます。その際に、「ひと目で分かるような記載がなく、申し訳ありません」と言葉を添えれば、商品だけでなく、対応についても評価が上がるはずです。いわば個別対応が必要なシーンは、ファンを増やせるチャンスともいえるわけです。

それなのに、「メールで対応します。〇日以内に返答します」と対応されたら、いくら商品が良くても、対応に手を抜かれたと感じさせてしまい、ファンにはなってくれません。通信販売やインターネットでのショッピングが増え、確実に人は待てなくなっています。ことSNSにおいては、24時間以内の返信が普通で、遅くても3日以内に対応してもらえるのが当たり前という風潮になっています。

リアルの店舗に行き、スタッフに商品についての質問をしようと話しかけたのに、相手に反応してもらえなかったり、スタッフに質問をしたら、「3営業日以降に連絡する」と言われたりしたら購買意欲を失ってしまいます。コメントやダイレクトメッセージに対応しないのはこれと同じです。対応一つでファンになるかどうかが変わるのは、リアルもSNSも同じと理解し、できる限り対応できる体制を構築することが重要です。

変化するＳＮＳのアルゴリズム

ＳＮＳのアルゴリズムは変化するものです。現在のアルゴリズムはコンテンツファーストで、投稿に対するユーザーからのリアクションがどれだけあるかで評価は変わります。その影響もあり、各ＳＮＳでの企業の投稿は伸びづらくなっています。おすすめコンテンツや動画で表示されるのは主に個人のものばかりで、企業の投稿はＳＮＳ全体の１割以下ともいわれています。その理由として考えられるのが、個人ユーザーの投稿がエンゲージメント率、エンゲージメント数ともに高いことです。

となると、企業やブランドが投稿しても、そもそも多くの人に届かないということです。それならば、個人ユーザーに自分たちの商品をプロモーションしてもらえるようにするしかありません。個人ユーザーに投稿を依頼することもできますが、それよりはファン作りやアンバサダーになってもらうことを考えましょう。
だからといって、プレゼントキャンペーンを乱発し、やみくもにフォロワーを増やしても意味はありません。なぜなら、ファンに媚びを売っているとも思えるようなブランドをインフルエンサーが紹介したいかとなると、そうではないからです。ある程度のフォロワーを持つインフルエンサーは、自分自身のブランディングを強く意識しています。どうせやるなら、良いイメージのあるブランドのほうが自分のブランディングにつながると考えるインフルエンサーが多いことを理解しておかなければなりません。

アルゴリズムがコンテンツファーストになると、エンゲージメントがつくのは個人ユーザーです。SNSはそもそも個人がメインのプラットフォームですから、それは当然です。その状況で企業やブランドができることは、熱量の高いファンをどうやって増やすのかを考えることです。そこは、「フォロワー1000人よりも、熱意を持って反応してくれる100人のファン」と考えてください。ファンが多いアカウントは、ファンの力で確実にリーチが取れ、UGC（User-Generated Content：ユーザー生成コンテンツ）の口コミも増えますし、ファンが次のファンを連れてきてくれます。

ファンがファンを呼び、それが勢い良く拡散するのは、SNSだからできることです。SNSのアカウントを持っておけば、さまざまな手法でファンを増やせるのですから、その可能性を常に意識する必要があります。ですが、SNSマーケティングおよびSNS運用の方法自体を間違っている企業の数は、残念ながら多いと思っています。特にフォロワー数にこだわる企業はまだまだ多く、短期的な目標を設定しがちです。SNSマーケティングを活用するなら、SNSのアルゴリズムをきちんとチェックし、内容について理解しておかなければなりません。それができて初めて、その次の動きとして、例えばショート動画の導入などを検討すればいいということです。

消費者の8割は、店舗に行く前に購入の意思決定をしている

Googleによる調査「Winning the Zero Moment of Truth」（2011年）で判明していることですが、何かしらの商品やサービスを購入するときに、消費者の8割は店舗に行く前に購入の意思決定をしているとされています。SNSやインターネットでの検索、友人や家族などに対してリサーチをするなど、十分に情報収集をしたうえで、購入していいかどうかを判断していて、店舗に訪れたときにすることは現物の確認のみです。大きくイメージと違ったということがない限り、購入に至るといわれています。言い換えれば、WEB上の情報やSNSでの情報に触れることなく購入する消費者は、今やかなりの少数派であるということです。

消費者の購入に至るプロセスの変化については、2011年にGoogleが「ZMOT（ジーモット）理論」にて言及しています。「ZMOT」とは、「Zero Moment of Truth」を略した言葉で、「消費者は来店前に行う情報収集の段階で、購入するかどうかを決めている」という理論です。マーケティングの世界において、消費者が商品購入を決めるタイミングを「Moment of Truth」と表します。日本語に訳すと「真実の瞬間」という意味になりますが、ZMOT理論では、そのタイミングが「ゼロ」であると定義づけています。これは、消費者が店舗を訪れる前の段階で、すでに意思決定を行っていることを意味しているのです。

消費者は、購入前にSNSやインターネットで商品やサービスの情報を収集するのが当たり前で、商品の概要はもちろん、他社商品との比較、値引き情報やセール情報、レビューや口コミなど、知り得るすべての情報を調べつくしたうえで購入を決めています。つまり、購買行動とSNSにおける情報収集は切り離せない関係であり、情報が十分に得られない場合は、購入自体をやめてしまう可能性もあります。

「ZMOT理論」を理解するうえで欠かせないのが、「FMOT」「SMOT」「TMOT」です。

・FMOT（エフモット：First Moment of Truth）

商品と顧客のファーストコンタクトを指します。実店舗で商品を手に取り、購入を判断する瞬間が「FMOT」にあたりますが、この概念が初めて提唱されたのは、2000年代前半です。消費者が商品棚にある商品を見つけ、購入の意思決定をするまでにかかる時間は3~7秒であると結論付けており、この数秒が「FMOT」に該当するとされています。しかし、インターネットやSNSの発達により、事前の情報収集が定着したことから、実物を見て商品の購入を決めることが珍しくなりました。これは、「FMOT」から「ZMOT」への移行を表しており、マーケティングにおいては重要な変化だといわれています。

・SMOT（エスモット：Second Moment of Truth）

「FMOT」からの派生語とされており、具体的には実際に商品を購入したユーザーが使用感や効果、アフターサービスなどを気に入り、リピート購入に至るという段階のことを指しています。「SMOT」はリピーターやファン獲得のための視点であり、「SMOT」の段階では顧客満足度を高めることが必要とされています。品質や効果、使用感はもちろん、配送やスタッフの対応、問い合わせ窓口の対応なども、重要なポイントになってきます。

・TMOT（ティーモット：Third Moment of Truth）

「TMOT」は、リピーターとして定着した人が、誰かに商品を勧める、商品に関する投稿をするなどの段階のことを指します。レコメンドはここで発生します。この段階になると、商品やサービスに愛着をもつ人が多いので、熱量のある投稿や口コミ、訴求力のあるコメントを期待することができます。

「ZMOT」が登場する前は、情報収集のベースはインターネット検索でした。口コミサイトやECサイトのレビューを参考にしているユーザーが多かったはずです。ECサイトで大きなセールがあると、それに合わせた記事が量産されるのが常でした。例えば、年に1度開

[図表５] 消費者の購入プロセスを表す概念

段階名	内容
FMOT（エフモット：First Moment of Truth）	顧客が実店舗で商品を手に取り購入を判断する段階
SMOT（エスモット：Second Moment of Truth）	実際に商品を購入したユーザーが使用感や効果、アフターサービスなどを気に入り、リピート購入に至る段階
TMOT（ティーモット：Third Moment of Truth）	リピーターとして定着した人が、誰かに商品を勧める、商品に関する投稿をするなどの段階

催されるAmazonのプライムデーや、年4回実施される楽天スーパーSALEの日程が告知されると、「次のセールではこれを買っておこう」という記事が出て、それを参考に購入するものをリストアップします。つまり、その時点で買うものを決めているということで、これが「ZMOT理論」です。「ZMOT理論」は、消費者の購買心理について述べていますから、この行動モデルは今もほとんど変わりません。ただディテールが異なり、情報収集のメインはSNSに移行しました。だからこそ、SNSで自社やブランドのアカウントを持ち、投稿を続けておくことが欠かせません。ユーザーがその商品を買おうと思ったときに、SNSアカウントがない、投稿がされていないと

なると、他社に負けてしまうことになります。ＳＮＳマーケティングやアカウント運用は、現代では重要な意味と役割を持つことを改めて認識してください。

ＳＮＳマーケティングのＫＰＩについて

ＳＮＳマーケティングにおいては、「ＫＰＩ」が重要になります。ＫＰＩの設定で大切なのは、「ＺＭＯＴ」を意識することです。さらにいうと、いかに「ＵＧＣ（ユーザーによる発信内容そのもの）」や口コミを増やすかにかかっています。

また、エンゲージメントについても設定することが大事です。いくらＵＧＣや口コミが増えたとしても、それをユーザーに見つけてもらえなければ意味がありません。エンゲージメントを高める方法としては、コンテンツファーストの投稿を継続すること、コメントやダイレクトメッセージに対して迅速に対応することなども含まれます。

最後に、リーチ数もＫＰＩに盛り込むと良いと思います。具体的には、ＵＵ（ユニークユーザー：特定の期間内にＷＥＢサイトを訪れた人の正味の数）を指しますが、この人数もＫＰＩに入れておきます。ＵＵ数が増えるということは、ファンの人数が増えたことになります。このように説明すると、「ＵＵ数＝アクセス数やフォロワー数」だと考えてしまう人もいるかもしれませんが、必ずしもイコールではありません。

フォロワーはあくまでもアカウントをフォローしている人の数ですが、ＵＵ数は、どれだけの人に自社やブランドのコンテンツやサービスが届いたかを表す数です。またＳＮＳマーケティングにおいて、インターネットの指名検索（ブランドや商材名をキーワードにする検索）も、ＫＰＩの指標になります。口コミやＵＧＣが増えると、おのずと指名検索数も増え、相関関係があることが分かっています。ユーザーはＳＮＳだけでなく、インターネット検索を巧みに使いこなし、複数のプラットフォームをまたいで購入行動に至りますので、いずれも無視することはできません。

しかし、これらのさまざまな施策や対策をすべて実施している企業は本当に少ないです。いずれも手間と時間を要するため、分かってはいても成果を追いやすい施策をやりたくなるという側面もあります。

また、ユーザーはファンだからといって、そのアカウントのフォロワーになるとは限りません。SNSをどのように使うかはユーザーごとに異なります。ファンであっても、あえてフォローをしない使い方をしているユーザーもいるということです。だからこそ、フォロワー数よりもタグ付け投稿数やハッシュタグ数を追う必要があるのです。

ユーザーはどんどん賢い判断ができるようになっています。商品が良ければ勝手に口コミが増え、ファン化はどんどん広まっていきます。SNSでいかに知ってもらうか、それが重要だと常に頭に入れておくべきです。

第4章

支援会社に丸投げでは成功しない
SNSマーケティングは自社で運用することで効果が最大化する

日々、消費者の行動は変化している

2019年、Google社は「インターネット時代における消費者の行動が変化している」というレポートを発表しました。それまでのスタンダードな消費行動は、まず商品やサービスに興味を抱き、それから情報収集、比較検討してから購入という、ある程度の時間とプロセスを経て購入する共通項がありました。そのためマーケティングにおいても、この消費行動を念頭に置いて検討するのがセオリーだったのです。しかし、インターネットやスマートフォン、SNSの登場により、この消費行動にもう一つのパターンが追加されました。それが「パルス型消費」です。

従来の消費行動と異なるのは、動画や画像をひと目見て、すぐに購入を決める点です。一見、衝動買いと同じようにも思えますが、Google社は、この消費行動を「パルス型消費」と名付けました。「パルス型消費」は、何かしらのトリガーにより消費者の購入意欲が刺激され、購入に至ります。無計画のように思えますが、実は計画的な要素も含まれているのです。一方の衝動買いは、一時的な衝動や欲望により、予定していない購入の意思決定をすることを指すため、両者の意味は異なるということです。パルス型消費のトリガーになるのは、次の6つの要素です。

- Safety（セーフティー）：顧客にとって「安心安全なもの」に反応し、安心感を得て購買意欲が高まる
- For me（フォーミー）：自分の価値軸にぴったりなものに反応する。また、周囲の人との共感や社会的な影響から、購買意欲が高まる
- Cost save（コストセーブ）：お得なものに反応する。SALEや値引きなど、価格面での優位性を感じると、購買意欲が高まる
- Follow（フォロー）：売れているものや評判、第三者が推奨するものに反応し、購買意

欲が高まる

●Adventure（アドベンチャー）：知らなかったものや興味をそそるもの、新しい刺激を求めて反応し、購買意欲が高まる

●Power save（パワーセーブ）：買い物の労力を減らせることに反応する。時間やお金の節約効果があると感じると、購買意欲が高まる

ＳＮＳマーケティングの担当者には、このさまざまなトリガーを組み合わせて消費者の興味を引くような施策を考案することが求められます。

ＳＮＳが登場してから、ユーザーの可処分時間はＳＮＳに多く費やされるようになりました。どのプラットフォームでも、基本的にはユーザーの行動を見ながら、ユーザーが興味を示すものを投稿表示するため、おのずとユーザーの嗜好に合った商品やサービス、ブランドの情報が届くことになります。言い換えれば、ＳＮＳを開けば自分の好きなモノや世界観で埋め尽くされているわけです。当然ながら購買意欲は絶妙に刺激されるわけで、ＳＮＳでの

パルス型消費が増加傾向にあるのは理解できるかと思います。となると、「パルス型消費を狙えばいい」と考えがちですが、パルス型消費は偶発的に発生するものなので、現時点では狙って発生させることは難しく、企業側が意図的に仕掛けることはかなり難しいと考えられます。

以前の消費行動モデルであれば、ターゲット層を明確に設定し、ターゲットの思考フローをシナリオ化すれば、マーケティング設計をすることができました。現在もユーザーの消費者行動はパルス型消費一色ではないため、商品やサービスの内容によっては、従来のマーケティングで成果が出ることもあります。

しかし、パルス型消費を企業側がコントロールするのは不可能に近いと私は考えています。SNS上においてのユーザーが取る行動は企業側には見えません。そのためデータですべての行動を把握し、パターン化させるのもほぼ不可能です。加えて、各プラットフォームのアルゴリズムの変化も、企業側は後追いでしか知ることができません。いわば、まったく何も見えず、過去の参考となるデータや事象など根拠となるものがまったくない状態で、無理やり予測や予想をするようなものだからです。消費者の行動を法則にあてはめ、一くくりにすることは、かなり難しく、特にZ世代を中心とした若者層については、企業側がコントロールできることはほとんどないのです。

Z世代の特徴として言われることに、「衝動買いが多い」や「我慢して長時間の作品を見ることができない」などがあります。そのため、NetflixやYouTubeを見る時は、1・5~2倍速で再生するのがスタンダードといわれていますが、私の知る限り、彼ら全員がそうというわけではありません。仕事柄、私は大学生と触れ合う機会が多いのですが、世間でいわれるような特徴を持つ人はごく一部で、映画館で作品を楽しみ、計画的に買い物をしている人も多く、むしろそういうタイプの若者のほうが多いかもしれません。

これは他の世代にもいえることです。世間でよくいわれる「この世代の特徴はこう」というものに、自分や周りの人はあてはまらないことは多々あることが当たり前です。つまり、各世代の特徴などの情報は、あくまでも誰かによって作り出されたもので、一部の人をフィーチャーし、大人が決めつけてカテゴライズしているに過ぎません。世間でいわれているZ世代っぽい人は確かにいます。しかし、そうではない人もたくさんいることを念頭に置き、SNSマーケティングは設計すべきです。また、消費者の行動を一くくりにすることや、パターンに落とし込むことは難しいため、ピンポイントでの施策実行で成果をつかむのもかなり無理があります。ことSNSにおいては、全方位的に響くものを継続するしかありません。

「TikTok売れ」「インスタ売れ」とは

最近よく見られる言葉に「TikTok売れ」や「インスタ売れ」というものがあります。TikTokやInstagramで紹介された商品がユーザー間で拡散され、爆発的に売上を伸ばす現象です。

「ＴｉｋＴｏｋ売れ」が最初に注目され始めたのは、２０２１年頃のことです。Ｚ世代を中心にさまざまな商品の情報が拡散されたことで注目され始め、同年の「日経トレンディヒット商品」の第1位に「ＴｉｋＴｏｋ売れ」が選ばれるほど話題になっています。一方の「インスタ売れ」は、２０１７年に流行語大賞にノミネートされた「インスタ映え」とともに知られるようになった言葉です。

「ＴｉｋＴｏｋ売れ」「インスタ売れ」が生じやすい商材には、次のような特徴があります。

- 低単価である
- 消費財（食べ物や日用品など）である
- タッチポイント（顧客と企業の接点）が多い
- オンラインやコンビニなどですぐに購入できる

この要件がそろい、爆発的に売れたのが、大塚製薬の『ファイブミニ』です。この商品は、アラサー以上の人であれば誰もが知るロングセラー商品ですが、あるTikTokerの目に留まったことから、瞬く間にZ世代の間に広まりました。一気に動画の視聴数が伸び、TikTok上で「どこで売っているのか」や「ファイブミニにはこんな効果がある」などのコメントや情報が飛び交うようになりました。

企業側は何の仕掛けもしていなかったため、急にコンビニの販売数が2倍増になり、非常に驚いたといいます。しかもそれが続いたため、慌てて調査をして「TikTok売れ」をようやく把握したのですが、実はこの商品のターゲットにZ世代は入っていませんでした。ファイブミニは、手軽に食物繊維を補給できるトクホ（特定保健用食品）飲料です。そのため、企業のターゲット想定は30～50代であり、この世代に向けてプロモーションを展開していたので、若者層がメインで使うTikTokはプロモーションの対象外でした。TikTokでの公式アカウントは未開設だったことから、いきなり売上が増えた理由を把握するのに丸一日を要したそうです。

TikTokでのバズりを受けて、同社はプロモーション方針を大幅に変更、今では広告展開も実現し、現在も売上好調を維持しています。「TikTok売れ」により、あらゆる世代から愛されるロングセラー商品になりました。

ファイブミニがパルス型消費につながったのは、低単価です。消費財（飲料）、コンビニやドラッグストアなど、若者層がよく利用する場所で必ず手に入り、オンラインでも購入できるという条件がそろったこともありますが、若者層にあまり知られていない商品だったのも大きいと私は考えます。また、ファイブミニが炭酸飲料で食物繊維が豊富、透き通ったピンクの見た目という特徴も、若いユーザーを惹きつける大きな要因となりました。ファイブミニの例からも分かるように、パルス型消費は偶発的に発生するのが特徴です。

もし、このTikTokerの取り上げた商品が、10万円の美容脱毛器だったら、この価格帯の商品をパッとひと目で購入する人はごくわずかだったと考えられます。多くの人にとって、10万円は高額商品になりますから、購入の意思決定に至る前に、入念なリサーチ（類似商品との比較や、口コミ検索など）が入ります。リサーチも口コミの評価を見るだけでなく、「自分に合っているか」や「10万円という価格以上の価値があるか」などの視点で念入りに調べるため、パルス型消費に至る可能性はかなり低いと見るのが妥当です。

消費者の行動は、商材によっても大きく変わります。加えて、金額がいくらだったら安いと感じるかは消費者により異なりますから、やはり一くくりにするのは無理があります。従来のペルソナマーケティングをすれば、確かにターゲットが絞れ、施策も打ちやすくなりますが、そもそも設定したペルソナが現実と合致するかが分かりません。ペルソナ設定は確かに大切です。しかし、マーケティングは消費者の行動を受けて設定するものであり、あくまでも後追いの施策であるということは忘れてはなりません。消費者の行動変化は、企業側が思うよりずっとスピーディーです。それにもかかわらず、消費者行動を理解した気になり、同じやり方でマーケティングをしても、望む効果は得られません。特に妄想によるマーケティングは、施策が大きく外れることにもなりますので注意が必要です。

トリプルメディアに注目する

SNSの登場により、ユーザーを取り巻く環境は大きく変化しています。SNSの影響でユーザーの動きに変化が生じ、売れる商品やサービスも変わるわけですが、企業とユーザーの関係構築もその影響を受けます。これまでのマーケティング手法では通用しないところもあるのですが、トリプルメディアを活用することで、打つ手を見いだせると注目されています。

トリプルメディアとは、広告業界用語の一つで、マーケティングにおいて、企業とユーザーの接点となるメディア（媒体）を特徴や役割別に分類したものです。トリプルの言葉どおり分類されるメディアは3つ。それぞれ独立し、異なる役割を担っているため、与える影響も異なります。トリプルメディアが注目されるようになった背景にあるのはSNSの登場です。企業とユーザーの接点となるメディアが多様化したことにより、各メディアの特徴に合わせて発信することが重視されるようになったためです。

●オウンドメディア（コンテンツの発信者・自社所有メディア）

《該当メディア》

企業が自社で保有するメディアのこと。一般的には、ウェブサイトや自社ブログなどを対象として使われるが、広義ではパンフレットや広報誌などもオウンドメディアに分類される。

《役割》

自社発信がメインのオウンドメディアを訪れるユーザーは、その時点で自社に興味や好意を抱いていることが多い。そのため、ユーザーと信頼関係を構築しやすいし、ファン化につながりやすい。SEO（検索エンジン最適化）対策としても有効な手段。一方で、継続して効果を発揮するメディアのため、すぐに成果が出ず、継続して運用する必要がある、そのた

[図表6] SNSサービス別広告の特徴

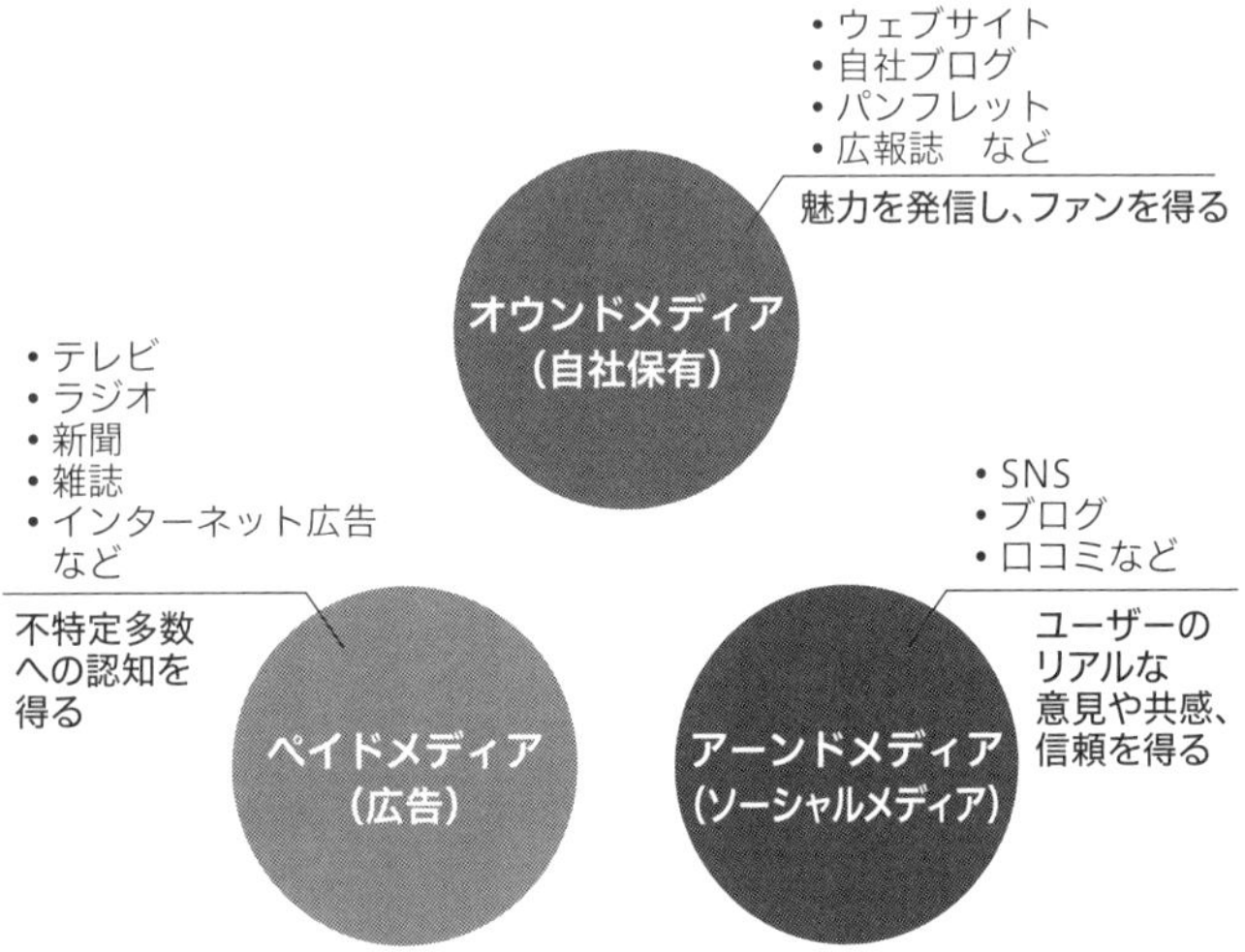

めに運営リソースを割く必要がある。

《特徴》

「オウンド」は「所有する」の意味。

主に、自社発信かつ自分たちでコントロールできるメディアを指す。

●ペイドメディア（コンテンツの仲介：有償利用のメディア）

《該当メディア》

企業が発信する、コンテンツ費用を支払うことで広告として出稿できる形式のメディアのこと。テレビ、ラジオ、新聞、雑誌、インターネットなどの広告（リスティング広告、バナー広告、ディスプレイ広告など）を指す。

《役割》

拡散力を持つため、認知拡大や不特定多数の広いユーザー層へのアプローチ、潜在層ユーザーとの接点を作ることができる。広告主が広告内容を決めるので、広告ポリシーを遵守すれば、基本的に思い通りの情報発信が可能。ただし、消費者はあくまで「企業が出した広告」としてとらえるため、情報の受け取り方は慎重になりやすい。

《特徴》

短期間で集客が期待でき、効果が出やすい。即効性があるため、短期間で成果を出す必要がある時に適している。デメリットは、コストがかかること。ターゲットが不明瞭な場合は、無駄なコストが発生しやすい。

●アーンドメディア（コンテンツを拡散：ユーザーの意見が反映されたメディア）

《該当メディア》

ユーザーや消費者自身が情報を発信するメディアのこと。SNS、ブログ、口コミなどを指す。

《役割》

企業ではなく、ユーザーが発信するメディアのため、ユーザーのリアルな意見や、共感、信頼を得るのに適している。企業側と発信者の間で金銭のやり取りが発生していないため、情報への信頼を獲得しやすい。

《特徴》

「アーンド」は「得る」の意味。ユーザー発信の情報になるため、ユーザーの意見などを得るとともに、ユーザーと企業間の双方でコミュニケーションを取ることができる。デメリットは、オウンドメディア同様に短期間で成果を得るのが難しいこと。また、ターゲット設定が曖昧だと、効果が出にくい。

トリプルメディアをうまく活用することで相互作用が働くため、長所を活かし短所を補い合うことができます。例えば、企業やブランドのアカウント（オウンドメディア）や口コミやレビュー投稿（アーンドメディア）はSNSにおいて強い力を発揮します。特にオウンドメディアは自社が発信するメディアのため、最も自由度が高く、コンテンツ内容も自社でコントロールできますから、SNSにおいてはオウンドメディアを軸にすると、SNS運用がうまく活用できます。オウンドメディアの短所となる部分は、他の2つのメディアをうまく掛け合わせ、補います。

例えば、ある会社が各SNSでアカウントを開設したとします。1つはブランドのアカウントとしてブランドの世界観を表現するもの、もう1つは情報発信メディアとして、情報を発信するメディア発信型アカウントです。ブランドアカウントは最終的なコンバージョン地点として、SNSにおけるホームページの役割を担います。インフルエンサーマーケティングやギフティングをするために必要ですし、ブランドアカウントがあるからこそ、自社商品の認知や理解を得ることにつながります。それならばブランドアカウントだけでいいのではと思いがちですが、それだとユーザーとの双方向のコミュニケーションが成り立ちません。
そこでブランドアカウントとは別に、メディア発信型アカウントを動かします。情報を通してユーザーやファンとコミュニケーションを取るため、ファン化を期待することができます。また、ユーザーやファンとの信頼関係を築くことができれば、商品やサービスの継続的な利用につなげることも可能です。加えて既存顧客へのアプローチもメディア発信型アカウントが担います。このアカウントから収集した口コミを、自社サイトのコンテンツの一つとして掲載するという手段もとることができます。

これを実際に活用しているのが、株式会社ＨｉｇｈＬｉｎｋが運営している「カラリア」です。香水やアロマが大人気のコスメブランドですが、企業のホームページ以外に、ユーザー目線での香水やコスメなどの美容情報を配信し、ユーザーの悩みを解決するコンテンツを提供し、Ｉｎｓｔａｇｒａｍではブランドイメージを出しつつサブスクの案内をするなど、3つのメディアを見事に活用しています。SNSでの評価も高く、ユーザーがタグ付けもしているため、自社の認知も取れ、アーンドメディアの役割を果たしています。利害関係のないユーザーの投稿は信頼度が高いですから、この評価が口コミで広まり、サブスクの申し込みも増え、良い循環を生んでいます。

SNSのユーザー投稿においては、タグ付けやハッシュタグを使わずに投稿する人もいます。そのため、検索やInstagramの「発見」で、自社ブランドや商品名での指名検索も、小まめにしておく必要があります。

メンションやタグ付け、ハッシュタグ数などを増やすには、ブランドアカウントが必要です。ブランドアカウントがあるからこそ売上を作ることができるので、必ず作るようにすべきです。ペイドメディアを活用するからSNSアカウントは必要ないと思われるところもありますが、SNSにおいては、ブランド側からの発信を見ない、もしくは反応しないユーザーはかなり多いのです。SNSを活用するのであれば、SNSで強い力を発揮するオウンドメディアやアーンドメディアを活用するのが適しているということです。

トリプルメディアを活用する手順があるとしたら、最初にすべきは、自社ブランドアカウント（オウンドメディア）の開設です。アカウントの開設後、広告を打つ前の段階で欲しいのが、口コミ（アーンドメディア）です。口コミと比較検討するものがないと、ユーザーは購入に至りません。よって、次に力を入れるのは口コミを増やすことです。この2つがある程度そろったら、次にするのが広告を打つこと（ペイドメディア）です。この順番で進めていくことで、着実にユーザーに広げていくことができます。

企業がトリプルメディアを導入する際に、戦略設計でよくミスをするポイントがあります。それは、各業務を別部署でやってしまうことです。「アカウント運用は広報部、フォロワー数を増やし、新規獲得数を増やすのが目標です」「アーンドメディアはコンテンツ部、インプレッション数（記事コンテンツやリスティング広告などのメディア、広告が表示された回数）が目標です」「ペイドチームはマーケティング部、新規獲得数が目標です」などと分けている企業が見受けられますが、これだとうまくいきません。

そもそも、SNSアカウント運用は新規売上に直接貢献するものではありません。ユーザーと関係を築き、コミュニケーションを取る場所です。そのため、「新規獲得数」という目標が入る時点で、戦略設計は破綻していることになります。目標インプレッション数については、ただ数字を上げれば良いというものではありません。自分たちのブランドに興味がない人からのインプレッションがあっても、売上にはなりません。成果につなげるにはやはり量より質が大切で、意味のあるインプレッションでなければならないということです。PRについても、フォロワー数を増やしたところで全員が懸賞アカウントということもあります。つまり、いずれの数値も質を重視しなければならないということです。

それぞれの部署で違う指標を目標にしていた場合、ブランドタイアップ広告をする段階でつまずくこともあります。タイアップ広告は、良い口コミにすることが重要ですが、そうなると「アーンドメディアチームとペイドチームが協働し合えば良かったのに」と、あとで気づくことがあるのです。部署が分かれると、情報共有がスムーズではなくなり、振り返りの段階でようやく気がつくというのは珍しいことではありません。

「SNS売れ」を起こすための4つのフェーズ

SNSアカウントを運用し、自社の商品やサービスが売れる状態に育てる「SNS売れ」を確実に起こすために必要な「4つのフェーズ」があります。

フェーズ1：ユーザーの興味を惹きつける
フェーズ2：ユーザーをファン化する
フェーズ3：見込み客を顧客にする
フェーズ4：顧客を満足させ続ける

［図表7］「SNS売れ」を起こすための4つのフェーズ

フェーズ	内容
1 ユーザーの 興味を 惹きつける	自社の商品やサービスを販売する前の段階なので、ユーザーの興味を引くコンテンツを作成して投稿することで、フォロワー・読者の増加を目指す。
2 ユーザーを ファン化する	無料オファーなどフェーズ1で惹きつけたフォロワーにとって価値あるコンテンツを作り、メールアドレス・LINEアカウントの獲得を目指す。
3 見込み客を 顧客にする	ライブ配信やキャンペーンなどリアルタイムで多くのフォロワーと双方向のコミュニケーションを図る施策を行い、購買につなげる。その場でフォロワーの悩みや買うべき不安を解消することができれば顧客になる確率が高まる。
4 顧客を 満足させ 続ける	個別の質問対応、ステップメールでの案内、購入してくれた商品の感想や不満のリサーチ、フォローアップセミナーなどを通し、顧客の満足度を高めてリピーターになってもらう。

フェーズとは、自社の商品やサービスの販売において「発売前にすること」「発売中にすること」「発売後にすること」といったように、それぞれの段階でやるべきことを定義することだと考えると分かりやすいと思います。

フェーズ1の自社の商品やサービスを販売する前の段階では、多くのユーザーを惹きつけることが大切です。そのために、ターゲットとなるユーザーの興味を惹くコンテンツを作成して投稿し、フォロワーや読者といわれる人たちを増やしていくことが、このフェーズでの役割です。SNSを使っているユーザーのほとんどは、商品やサービスを購入したいわけではありません。「なんとなく」SNSを見ているだけです。さまざまな投稿を見て楽しんだり、ネットワークを広げ交流したりしたいと考えてコンテンツを見ています。ですからユーザーの役に立つ、また面白いと感じてくれるコンテンツ、興味を持ってくれるコンテンツを考えて発信をしていかなければなりません。

• 自社の商品やサービスは、どんな悩みを解決できるのか？
• どのようなコンテンツであれば面白いと思ってもらえるか？
• ユーザーの悩みを解決するヒントを与えられないか？

コンテンツを考えるときは常にこれらを意識するようにしましょう。そして一つのSNSではなく、さまざまなメディアと連携して投稿していきます。例えばFacebookだけにコンテンツを投稿するのではなく、FacebookでYouTubeの動画告知を出す、またはXでユーザーの興味を惹くコンテンツを継続して投稿していくなど、各SNSを連動させながら取り組んでいきます。

フェーズ2では、フェーズ1で惹きつけたフォロワーをファンに変えていきます。コミュニケーションの活性化において重要でやるべきことは、コメントやダイレクトメッセージにきちんと対応し、フォロワーとコミュニケーションを図ることです。

フェーズ3では、見込み客を顧客にしていきます。そのためには大きく2つの施策がおすすめで、1つがライブ配信です。リアルタイムで多くのフォロワーと双方向のコミュニケーションを図ることができます。その場でフォロワーの悩みや買うべきかどうかの不安を解消することができれば顧客になる確率がグッと高まります。もう1つが購入のフックとなる、今ここで買う理由を作ることです。分かりやすいのが、ライブ配信を実施しライブ配信時限定でクーポンを配布することなどです。これにより今だけお得に買うことができるため買う理由ができます。

本来、広告費などは知ってもらう、買ってもらうという広告ではなく顧客に還元すべきだと考えています。結果として売上を上げるという企業の目的は変わらないと思っています。ただし、だからといって安売りやキャンペーンばかりをやりすぎると顧客の質も変わってきてしまうため注意が必要です。

フェーズ4は、自社の商品やサービスを購入し、顧客になってくれた人たちに喜んでもらう段階です。ファンでい続けてもらうこと、リピーターになってもらうことが目的です。商品やサービスを購入してくれたということは、商品そのものやブランドに対して好意をもってくれていると考えられます。ファンは特別扱いがうれしいものです。個別の対応、それは質問であり、ステップメールでの案内もあり、購入してくれた商品の感想や不満を聞くことなど、すべてがあてはまります。

また、購入者だけのプライベートなグループをつくるのも良いです。そこで喜びの声や悩みを聞くのもいいですし、そこから新しい商品作りが始まる可能性もあります。そうすることで、顧客満足度がどんどん上がっていきます。さらにＹｏｕＴｕｂｅやＩｎｓｔａｇｒａｍを使って、フォローアップのライブセミナーなどを開催することも効果的です。

この４つのフェーズは「ＳＮＳ売れ」のために必要ですから、フェーズごとに適した施策を投下していくことが大切です。フェーズを考えずにＳＮＳの施策を続けていても、ファンにはなってもらえません。しっかりと施策内容を考えて、ファン化、リピーター化を目指していくべきです。

ＳＮＳマーケティングは戦略が大事

ＳＮＳをうまく活用している企業ほど注目を集め、売上や認知度が上がるという傾向があります。言い方を変えれば、市場を制するのは、ＳＮＳマーケティングに強い企業だということです。今後さらにその傾向が強まると私は考えています。

ＳＮＳ運用で成果を出すには、組織としてどのような姿勢でＳＮＳに挑むかにかかっています。いくつか効果的な施策がありますが、それをやれば必ず成功するとはとらえず、その施策を通して、自社に合ったやり方を見いだしてもらいたいと考えています。

ＳＮＳマーケティングや運用が失敗するパターンは、明確になりつつあります。ここでもう一度確認しておきます。

- フォロワー数が増える＝売上向上という等式は成立しない
- ＳＮＳアカウント運用は、短期で成果を出すためのものではない
- ＳＮＳマーケティングの本質的な成果は、見えづらいもの
- ＳＮＳマーケティングは、直接売上につながるものではない

・SNSマーケティングを成功させるには、戦略設計が重要

さらにいえば、SNSマーケティングで成果を出すには、適切な戦略設計を行い、中長期で継続運用をするのがセオリーです。それを理解し、実行すれば、企業はブランドイメージを構築し、売上を伸ばすことができます。

SNSマーケティングにおいて、どの会社にも通用する絶対的な方法というのはありません。特に戦略設計における指標の設定については、明確なパターンすらないわけですが、そもそも戦略は各企業により異なるものですから、同じようにできるはずがありません。そのため絶対的なマニュアルやテンプレートはないわけですが、それでも成果につなげるにはいくつかのセオリーを押さえておくことが求められます。

①戦略設計

ビジネスにおいて、戦略設計は欠かせないものですから、事業内容やオンライン、オフラインに関係なく、戦略設計をしない企業はありません。戦略設計では、戦略を考え実践し、

効果を検証後に改善するというすべての工程が必要です。もちろん、ＳＮＳ運用においてもそれは同じで、得たい成果に対して適切にゴールを設定しなければなりません。

しかし、その戦略自体が目的とずれていることがあります。最終ゴールとなる成果にはさまざまなものがありますが、基本的には売上や集客の増加、企業ブランディングなどが該当し、これがＫＧＩ（Key Goal Indicator：キーゴールインジケーター：重要目標達成指標）になります。

ＫＧＩを達成するには、ゴールとする売上や利益から逆算し、実現できるように、きちんと戦略設計をすることが大切です。いわば、ＫＧＩならびにＫＰＩ設定は、企業にとってトップアジェンダ（最も実施しなければならない行動計画）だということが分かります。ＫＧＩとＫＰＩの設定、ならびに運用は必要不可欠なわけですが、この設定をうまくできない企業は意外と多く、この段階でズレが生じることも珍しくありません。また、ＫＧＩは定量目標（数字で評価できる目標）で設定するのが本来ですが、漠然と掲げてしまう企業もあります。そうなると、どうなれば達成したのかが分かりづらく、ＫＧＩを掲げるメリットも消えてしまいます。KGIを自社で設定するのが難しい場合は、支援会社に相談するのもいいのではと私は考えます。すべてを支援会社に委ねてしまうのはよくありませんが、KGIは重要項目のため、相談くらいはしてもいいと思います。

さらにどんな商品やサービスにも価格設定は欠かせません。安すぎても高すぎても、ユーザーは購入意欲をなくし離れてしまいます。分かりやすい失敗例としては、競合他社の商品やサービスの価格を調べるあまり、安易に安くしてしまうことです。ユーザーは商品比較、ブランド比較、価格比較をしていますから、理由の分からない値付けには納得しません。

当然ながら、中小企業は大手企業の資金力にはかないません。大手企業の商品は、間違いなく広告宣伝費を上乗せしていますし、説得力のあるプロモーションをしています。ですから、大手企業と闘う価格設定をするのではなく、商品やサービスのメリットを最大に打ち出す価格を設定するのです。代表的な価格設定の方法は3つあります。

●コストプラス型価格設定法

商品やサービスに対して、実際にかかったコストに利益を上乗せして価格を出す方法。事前にコストがはっきりしないモノに使われます。ユーザーが商品やサービスを購入することで、確実に利益が得られます。事前に市場や競合他社の分析が必要です。

●需要志向型価格設定法

ユーザーが商品やサービスに対して、どの程度の価格をＯＫとするか、市場調査やアンケートなどにより事前に調べる方法。目標価格を決めたあとに、目標価格で十分な利益が出せるだけの商品の開発や、原材料などの仕入れを行います。ユーザーとの関係性が十分にできている企業に向いています。

●競争志向型価格設定法

競合他社が設定している価格を参考に、それ同等の価格、またはそれ以下の価格に設定する方法。価格が低いことをユーザーにアピールできるメリットはありますが、利益が減るデメリットもあります。ただ、商品やサービスにオプションやお得感を加えることで回避できることもあります。

② 施策の実行体制の確立

私の知る限り、各業務を別部署で分けてしまっている企業は8割ほどあります。それは、トリプルメディア施策の方法を知らないのではなく、分かってはいるけれど、実際の手立てについては分からない企業が多いのではないかと感じています。実際、そのような相談も受けます。私が解決策として提案しているのは、「戦略設計のプロジェクト責任者を置くこと」です。全体像を見ながら目標を1つ定め、これをスタッフ全員で追うことが、最も賢明なやり方だと考えています。

企業が最終的に増やしたいのは売上と利益ですから、そのためにSNSマーケティングや運用をします。ならば最初から売上と利益をゴールにし、全員でそれを追うべきです。ゴールの売上と利益を決めたら、オウンドメディアチームがすべきなのはフォロワーではなくファンを増やすことだと明確に分かります。アーンドメディアチームは良い口コミを増やすことを意識しますし、ペイドメディアチームも売上向上につながるような動きをするものです。全員がSNSとはどのような場所か、どのようなことに適しているのかを理解できていれば、実現を目指す動きに変わっていくと思われます。また、部署ごとに分けてしまうと、横のつながりでの連携が取れません。トリプルメディアを活用する場合、3つのメディアは見えないところで連携し合い、お互いをフォローし合います。それにもかかわらず、メディアを扱う部署が違うことをしていたら、動きは別々になってしまい情報共有もスムーズにいきません。そうなると、的外れの努力をすることになり、施策の意味がありません。

トリプルメディアをうまく活用するには、適した組織構築が必要です。総合的に見て判断するプロジェクト責任者を置き、アカウント運用、口コミ担当、広告出稿においてそれぞれの担当を任命すれば、情報が一元化され、スムーズに動くことができます。特にプロジェクト責任者次第で、チームの動きや戦略設計は大きく変わりますから、きちんと見極めて選出しなければなりません。社内に適任者がいなければ、この部分をプロ人材（支援会社など）に依頼するのも一つです。ただし、プロ人材に依頼する際は、戦略設計がずれてしまわないように、丸投げすることは避けてください。

また、SNSマーケティングや運用については、専任者を置くことが非常に大事です。SNSのアカウント運用は、片手間でできる業務量ではありません。何より、SNSアルゴリズムのキャッチアップ（各SNSで伸びているコンテンツの分析）はとても重要です。終日各SNSをチェックすることになりますが、これを丁寧にやることで、SNSアカウントの運用に独自性を持たせることができるからです。SNSマーケティング担当者が他の業務と兼任している企業も多いですが、それだと片手間にSNS運用をすることになり、専任者を置く企業とはこの時点で差がつくのです。

ＳＮＳ運用に専任者を置くことは、費用対効果が良くないのではと思う経営者もいるかもしれません。しかし専任者を置き、ＳＮＳをきちんと運用させていけば、コスト以上の売上になって返ってくる可能性が高いです。もし、すべての担当を専任にすることが難しいなら、プロジェクト責任者がアカウント運用や口コミ、広告出稿を担当してもいいと思います。もし、どうしても専任者を置けない場合は、この部分もプロ人材に依頼するという方法もあります。

もし、自社で専任担当者を任命する場合は、社内で公募することも良いと思います。特に若い世代はＳＮＳ運用をやりたいと思っている人がいるはずなので、手が挙がると思います。候補者がいれば、ある程度の適性を判断し、抜擢して任せたほうが良いです。ＳＮＳ運用が好きであり、意欲が高い人であれば適任者になる可能性がありますが、私が最も適していると思うのが、ＳＮＳネイティブである20～28歳の年齢層です。

いわゆるZ世代とも呼ばれる彼らは、成人する前からSNSがあって当たり前という環境で育っています。そのため、どのような投稿なら人気が出るか、どのような内容であれば注目を集めやすいのかを、感覚で理解しています。これは、SNSネイティブだからこその特徴で、それ以前の世代には成し得ないと思います。ただし、彼らには戦略設計はできません。SNSアカウントをどう動かすかは知っていても、それを戦略レベルにすることはできませんから、戦略設計はやはりマネジャークラスがすべきです。

SNSの専任者が見つかり、自社での運用がスタートしても、やはりうまくいかない企業もあります。その大きな要因となるのが、経営層が不用意に口出しをすることです。SNSについてよく知らない状態で、「この投稿は良くない」や「もっとこういう投稿がいい」など意見をし、スタッフの意欲を奪い取ってしまうのです。もちろん、経営者にとっては大切な自社のことですから、口を出したくなるのも分かります。若年者はどうしても経験値が低いので、任せてしまうのが不安に感じることもあるかと思います。しかし、それでも口を出すのは避けてほしいと私は考えています。なぜなら、若いスタッフ以上にＳＮＳに対する理解があり、経験値が高い経営層はいないからです。

ＳＮＳマーケティングや運用は海外進出と同じだと書きましたが、もし自社が海外に進出するとなったら、現地に詳しい人や、現地で企業活動をしている人に話を聞き、その人のアドバイスに従うと考えられます。言葉や文化、価値観が異なり、土地勘もない場所は、右も左も分からないため人に聞くしかありません。そのような状態で「なんとなくこう思う」という曖昧な理由で動いてしまう危険性は、経営層であれば想像ができると思います。ＳＮＳはそれと同じ状態です。だからこそ、土地勘があり、言葉や文化を感覚で理解している人たちに任せることが大切なのです。

③ 施策の振り返りと、ＰＤＣＡの活用

ＳＮＳマーケティングで結果を出すには、課題を抽出し、改善、実行をいかに早く繰り返せるかが重要です。それぞれのフェーズでどのような具体的運用を行うか、どれくらいの頻

度で改善をすればいいかの判断は、ＰＤＣＡを活用することで解決可能です。ＰＤＣＡは、生産管理や品質管理などの管理業務を継続的に改善するための手法として知られていますが、ＳＮＳの施策にも活用することができます。

まずは、ＰＤＣＡそれぞれについて、説明していきます。

【Ｐ】ＰＬＡＮ：計画する

目標設定と計画を作る段階のことです。自社の提供しているコンテンツがユーザーにとって最適かどうかを判断し、改善を施します。ユーザー視点になりコンテンツを客観視することが大切で、内容に興味を持てるか、情報は分かりやすいか、惹かれるデザインやレイアウトになっているかどうかを確認したうえで、コンテンツ案を検討します。作成したコンテンツ案は企画の骨子として落とし込み、以降はコンテンツづくりのベースとして活用していきます。

【D】DO：コンテンツを作る

骨子に沿って、コンテンツを作る段階のことです。文章だけでなく、ビジュアルについても注意を払う必要があります。ユーザーは、少しでもコンテンツに違和感を覚えると、その時点で離脱することが多いので、それを防ぐには常にユーザー視点でコンテンツを客観的に見ることが重要になります。コンテンツ作りを外部に委託する場合は、骨子を詳細に共有し、随時進捗確認をしながら、自社の意図するものに仕上げることが大切です。また、この段階で具体的な目標や成長指標なども設定し、以降の分析に活かせるようにしておくことも必要です。

【C】CHECK：分析を行う

コンテンツを配信後、結果の分析を行い、可視化する段階です。ユニークユーザー数、アクセス数、ページビュー、離脱率、記事更新数など、指標によって分析する数値は異なるので注意が必要です。分析結果は一覧にして保存し、振り返りの材料にします。

【A】ACT：分析結果から改善策を検討する

分析結果から、自社コンテンツの課題を見つけ、改善策を検討する段階です。施策の目的や目標と乖離《かいり》していないかどうか、社内では週単位で確認し、数値の変化を調べていくと、解決策を出しやすくなります。改善策の検討では、仮説を複数立てることが望ましいです。

ＰＤＣＡサイクルを月次で回す企業もありますが、私は、週次で回すべきだと考えます。理由として、ＳＮＳのアルゴリズムは変化が激しく、施策を立てて1カ月後に実施となるとズレが生じる可能性があるからです。それだと遅いので、もっと迅速かつ機敏に動き、改善しなければなりません。また、週次で振り返りをすると、数値の細かな変化が分かります。どこで上がり、どこで下がったのかも分かるので対策も取りやすいと思います。

ＳＮＳ運用で大切なのは、最終ゴールをつかむことです。売上が伸びる、認知度が上がるなどが最終ゴールになることが多いです。そのためには、最初の戦略設計に時間をかけてください。

横串で横断的な連動が必要

ＳＮＳマーケティングで成果をつかむには、横串を通し、横断的に連動することが必要です。横串とは、企業（組織）の中でそれぞれの部門同士で連携し、十分に機能することをいいますが、それが実現している企業は多くありません。

企業の横軸がしっかりとつながると、お互いの専門性を持ち寄りながら目的や目標を追うことができます。また、企業の力を余すことなく発揮するには、横串で横断的な連動は欠かせません。横串で連動すると、次のようなメリットを期待できますので、確認してみると良いです。

- ノウハウや技術などの成功事例を共有できる
- 専門外の分野に関する知識や経験を共有できる
- 多角的な視点で判断できるため、課題解決のスピードが上がる
- 思わぬアイデアや解決策を見いだすことにつながる

横串にすることでこれだけメリットがあるのに、なかなか企業で浸透していないのは、デメリットになりやすい要素が一つあるからです。それは、社内の評価制度として設計しにくいことです。横串により売上や認知度が向上しても、スタッフ一人ひとりの貢献度が分かりづらく、可視化もしにくいため、適切に評価できているかが分かりません。評価制度を優先するために、目標別に部署や担当を分ける企業もありますが、これは非常に難しい問題です。売上や認知度の向上のためには横串が必要なのですが、どうしても評価ができないという場合は、各スタッフに本書の内容を理解させたうえで、部署ごとに同じ目標設定をしてみるのも一つの方法です。フォロワー数やインプレッション、口コミ数を追うのは変わらずと

も、質は変わります。フォロワーではなくファン、良い口コミ、反応してくれるユーザーを増やすこと、その重要性を全員が共有すれば、同じ目標でも追い方は大きく変わり、おのずと成果も変わってくるものです。

中小企業は、トップダウンやワンマンで伸びている会社が多いです。トップダウンやワンマンの企業が悪いといっているのではなく、そうでないと事業継続や拡大が難しいケースも多々見受けられますので、ある意味避けられないことでもあると思います。しかし、それが行き過ぎてしまうと、SNSマーケティングがうまくいかない要因になることを知っておく必要があります。

SNSマーケティングおよびSNS運用で成果を出すには、SNSをよく知っている人たち（スタッフ）の感性や意見を取り入れることが重要です。また、経営層が口出しを控えることも常に意識してほしいことで、SNSで成果を出すには社内が一丸となり、「ワンチーム」で取り組まなければなりません。SNSは中長期で運用し、成果をつかんでいくものです。その長い取り組みを成功させるには、経営と現場の一体感があるかどうかが鍵を握ると私は確信しています。だからこそ、経営者や経営層もSNSを理解しようとする姿勢が重要です。

経営と現場が一体になり、社内全員でSNS運用をしている企業の好例が、「スリコ」という愛称で人気の雑貨ショップ「3COINS（スリーコインズ）」です。同社はInstagramの超人気アカウントとしても知られ、認知度を上げています。運営しているのは、アパレル事業を多く手掛ける株式会社パル（パルグループ）で、スリコはその中の一事業ですが、知らない人はいないのではというくらい、よく知られるブランドに成長しました。

スリコのSNS運用で注目すべきは、広告施策をすることなく、成果を得たことです。売上向上はもちろん、店舗数も順調に増えており、SNS運用で大躍進を遂げたモデルケースといってよいと思います。

スリコはSNSに力を入れてマーケティングを行い、2023年9月時点でInstagram

のフォロワー数は173万人、Xにおいては19・7万人に達し、一つの大きなメディアとなっています。施策を講じてのフォロワー数ではないため、フォロワーのほとんどがファン化しており、各プラットフォームにおけるエンゲージメントは相当高いことが推測できます。

同社は、フォロワーを増やすためのSNS運用は一切していないのにもかかわらず、強い支持を得ているのは、ユーザー視点を十分に取り入れた投稿を徹底して継続しているからです。投稿が企業の一方的な発信にならないよう、見え方を徹底して工夫していることが顕著に分かります。

また、実際に現場で働くショップスタッフが、それぞれにアカウントを開設し、自社商品について投稿しているのも特徴です。スタッフ自身がユーザーとしての立ち位置を維持しつつ発信する商品情報は、商品を扱う側ならではの使い方などが紹介されており、見る側に有益性と楽しさを感じさせてくれます。ショップスタッフのアカウントでは、フォロワー数が

10万人に及ぶものもありますが、多くの支持を集めているのは、スタッフ一人ひとりの感性が生きた投稿内容になっているからだと思います。

また、スリコの公式ホームページには、「3COINSスタッフによる今週のおすすめアイテム」ページや、スタッフによる商品のスナップ、スタッフランキング、スタッフによるブログページなどがランキング形式で紹介されており、全員でSNSを盛り上げていることが読み取れます。

さらには、スタッフが一ユーザーとして商品を使い、残念だと思ったポイントやここが惜しいと感じたことを率直に発信しています。いわば、スタッフは完全な企業側の人間ではなく、単なる一ユーザーでもないという絶妙な立ち位置を築き、スタッフ一人ひとりがインフルエンサー化しているのです。ショップスタッフがそれを担うことは、ブランドに大きな利益を与えるとともに、スタッフ自身のブランディングにもつながっています。つまり、スリコのSNS運用は、売上やフォロワー数だけにとどまらない希有《けう》な成果を得ることができた事例といえます。

なぜこのようなことが実現できたのかというと、それは全社を挙げてSNS運用に取り組むことを決め、実行に移したからです。ここに至るまでには数々の失敗もあったようですが、それでも進み続けたのは、経営層と現場が一体になっていたからにほかなりません。中長期で目標を追うという認識を全員が深く理解していることがうかがえます。そうでなければ、SNS運用のみでここまで大きな成果をつかむことはできなかったと考えられます。

同社は常にユーザー視点を優先し、かつ結論を急がずに進んできました。その姿勢が投稿の質を上げ、ひいてはエンゲージメント確保につながり、結果的に多くのファンを増やして売上向上につながりました。もし、同社がフォロワー数を追う施策を展開していたら、このような成果を得ることにはならなかったと思います。

スタッフアカウントについては、現場の声から生まれたもので、SNS運用の業務をやりたいと志望するスタッフは多いそうです。スタッフアカウントの投稿からは、各スタッフが模索しながら投稿する様子が伝わり、そのこともユーザーに親近感を抱かせています。

運用サイドは、「投稿を採点するのは経営層ではなく、お客さまである」と位置づけ、それを徹底しています。ユーザーからの反応はダイレクトにスタッフに届くため、スタッフは自身の感性を主体的に磨くしかありません。つまり、経営層と現場が一体化してSNS運用を仕掛けることができたのは、経営層がその判断を下したからです。経営層が社員や現場を信じることで生まれるものや得るものは大きいことがよく分かる事例です。

さらに社内インフルエンサーの起用で注意すべきは、その頑張りが報われる評価設計になっているかという点です。店舗の売上が上がり、全体の売上が上がったとしても、スタッフ一人ひとりに対して評価がされなければ、良い内容の投稿を継続することはできません。本当に実力があり、人気のある社内インフルエンサーであれば、自分自身で集客できることが分かれば独立するかもしれません。それを想定し、正当な評価をしてもらえていると感じさせる人事評価や体制を早急に検討する必要があります。加えて、社内インフルエンサーになった場合のキャリアビジョンや退職後アカウントをどうするのかなども事前に決めておき、スタッフと共有しておく必要があります。
また、独立を申し出た社内インフルエンサーについては、独立を応援するような仕組みや、資本関係を結んで新たな事業の立ち上げができるような体制をつくっておくと、そこから新しく事業が生まれ、企業とスタッフ両方の認知向上やブランディングにつながるという可能性もあります。実力と実績のある社内インフルエンサーの強みは、すでにコアファンを多数抱えているということであり、これは大きな財産といえます。またそのような体制構築ができているということは、社内の風通しを良くする効果もあります。

SNSを社内で運用するのであれば、社内に向けての声掛けもしっかりとしておかなければなりません。会社が本気でSNSに取り組んでいること、どのような目標を設定しているのか、狙いは何かなども周知しておくことが大切です。また、SNS投稿の負担を減らすためにも、他部署に投稿内容の協力をしてもらうのもいいと思います。自分の提供したネタが投稿になり、ユーザーから反応を得られれば、自然と社員間での興味は高まります。そうなると、自然と他部署スタッフの関心もSNSに向くことになり、自然と社内の意思統一にも効果が表れるのです。

SNSアカウントが育ち、認知や売上が上がれば、それは企業にとって大きな資産になります。社内インフルエンサーもしかりですが、だからこそ、SNSアカウントがどのように成長したかを把握し、ノウハウを社内に溜めておくことが大切です。その運営は再現性が高く、ノウハウは汎用性を持つはずです。SNS運用を全社で行うということは、企業にとっての資産を全員で育てていくのと同じととらえ、体制や仕組み作りを意識しながら、SNSマーケティングをしていくことが大切です。

最終的に目指すべきは内製化

SNSはコミュニケーションの場ですから、自社の商品やサービス、ブランドを最もよく理解しているのは、自社の人間です。ブランドや商品に対する思い、生まれた背景、商品化までのプロセスには必ずストーリーがあります。それについて、熱意を持って伝えられるのは、自社の人間であるからこそで、いくら説明したとしても、他社の人間に本質を伝えるのは難しいことが多いです。

私が支援に入る場合、SNSマーケティングや運用については、最終的に内製化を目指すべきだと伝えています。当然ながら、内製化できれば、かなりコストは削減できますし、また内製化することでスピーディーかつ柔軟なユーザー対応が実現できます。特に企業判断が必要なケースは、支援会社ができることは限られるため、内製化をしておくと有効です。

それ以外にも、ユーザーの声を拾いやすい、炎上が起きた時に責任の所在が明確である、展開がしやすいというメリットもあります。加えて、自社の人間がアカウント運用をすることで、商品やブランドに対する思い入れの強さや熱意をダイレクトに伝えることができます。それは明確な言葉でユーザーに伝えるというのもありますが、言葉の節々に込められる強い思いは、自然とユーザーがキャッチしてくれるからです。

支援会社に依頼すると、確かに自社のリソースは大幅に削減されます。しかし、それは同時に数々のメリットを自ら手放してしまうことでもあります。内製化が難しい要因はさまざまですが、その要因を探ると必ず浮かび上がるのが企業体制です。体制を変えられないのであれば、支援会社が入ったところで結局何も変わらないと私は考えます。それは経営層と現場が一体化していないという証でもあり、そこに支援会社が入り成果が出たとしても、それは一時的なもので終わってしまい、結局お金の無駄になってしまいます。

SNSマーケティングを内製化するには、1~2年程度かかるケースがほとんどです。SNSのプラットフォーム自体が持つ特徴もあり、月単位の内製化はまず難しいと考えるべきです。内製化を実現するには、SNSマーケティングを中長期プロジェクトとして設計し、情報のキャッチアップの仕方、PDCAの回し方なども理解したうえで、徐々に準備を整え、1~2年かけて自分たちでできるようにするというプロセスを経ることになります。逆を言えば、1~2年あれば、内製化は実現するということです。

「売上が立つ＝SNSマーケティングを自社でできる状態になる」

これは私が目指すことでもあり、これが真のゴールでもあると考えています。そしてこれこそが、企業にとっての正しいSNS運用であると私は思います。

支援会社との向き合い方と選び方

SNSマーケティングや運用に対し、内製化を目指したいと思っても状況的に難しい、あるいは支援会社に頼るほうが良い場合もあると思います。支援会社のサービスにはさまざまなものがありますので、まずはその内容と自社の目指すゴールを照らし合わせることが大切です。そこから、一社一社に問い合わせ、支援内容や方針などから、その支援会社の方向性を探るようにすることが重要です。

SNS運営支援会社と向き合う際の注意点

① 支援会社と自社は対等であり、パートナーであると認識する

② 支援会社に丸投げすることは避ける

③ 大手や有名企業だからといって、成果が出るわけではない

④ 依頼したとしても、舵取りは必ず自社が握る

《支援会社との向き合い方》

①支援会社と自社は対等であり、パートナーであると認識する

ＳＮＳ運用を依頼するにもかかわらず、支援会社を下に見る企業があります。一方で、支援会社のいいなりになる企業もありますが、これでは信頼関係の構築に至りません。支援会社は、対等な関係のパートナーであることをまず認識することが大切です。

②支援会社に丸投げすることは避ける

ＳＮＳ運用は難しく、仕組みも複雑なため、理解するのが大変かもしれません。だからといって、支援会社に丸投げするのではなく、少しずつでいいのでＳＮＳについての理解を

深め、支援会社とともにゴールを目指すようにすべきです。

③大手や有名企業だからといって、成果が出るわけではない

ＳＮＳマーケティングの特性もあり、支援会社を選ぶ際に、大手や有名企業であれば安心だと考える経営者もいると思います。しかし、大手や有名企業が支援するからといって、必ずしもパフォーマンスが上がるとは限りません。それよりは、自社に合うパートナーを探すことが大切です。ＳＮＳ運用は中長期になるため、目指すゴールに見合った提案をしてくれるかどうか、担当者との相性なども考慮に入れることが大切です。相性の良いパートナーを必ず見つけるという覚悟を持ち、支援会社を探すのも良いと思います。

④依頼したとしても、舵取りは必ず自社が握る

ＳＮＳマーケティングを支援会社に全面依頼する企業は、その舵取りまで委ねがちです。そうなると決定権がなくなるため、自社ブランドにそぐわない運用になっても気がつきにく

くなります。支援会社に依頼をするのはいいのですが、最終的な舵取りは必ず自社が行わなければいけません。

《支援会社の選び方》

支援会社を選ぶ際は、次に挙げることを意識すべきです。これは私が作成した「避けるべき支援会社を見極めるポイント」です。このような対応をする支援会社であれば、別の支援会社への変更を検討するほうがいいかもしれません。

①「フォロワー数を増やします」と言う

フォロワーを増やしても売上や利益の向上にはつながりません。必要なのはファン化です。

②プレゼントキャンペーンを勧めてくる

プレゼントキャンペーンは効果がないわけではありませんが、増えるのは懸賞アカウント

避けるべき支援会社を見極めるポイント

① 「フォロワー数を増やします」と言う
② プレゼントキャンペーンを勧めてくる
③ 支援の単価がバグっている
④ 「短期で売上を上げます」と言う
⑤ 提案担当と実際の担当が異なる
⑥ 提案がテンプレ化されている
⑦ ノウハウの開示がなく、ブラックボックスになっている

がほとんどです。そうなると、自社発信に反応しない人ばかりがフォロワーになるため、エンゲージメントが上がりません。投稿は伸びなくなり、結果、売上や利益にもつながらなくなります。

③ 支援の単価がバグっている

支援単価の目安は、あるようでないものです。マーケットができて間もないため、相場もないのが現状です。そのため支援単価の情報を得ず、提示金額をそのまま受け入れてしまう企業があります。私の経験上、アカウント運用に関しては月額50万円超になると大きな負担になると感じます。支援単価は、どれだけ費用をかけたとしても月50万円以下を目安にしてください。

④「短期で売上を上げます」と言う

ＳＮＳマーケティングにおいて、短期で成果をつかむのは難しいのが現実です。その大きな要因は、各ＳＮＳのアルゴリズムがコンテンツファーストに変化していることがあります。数より質、企業より個人ユーザーが重要とされるため、大切なのは、いかにファンを集めるかです。ファン化にはそれなりの時間がかかるため、正しい戦略のもと、コツコツと投稿や施策を積み重ねることが重要です。

⑤提案担当と実際の担当が異なる

ありがちなのが、事前ヒアリングや契約時はベテラン、もしくはエース営業マンが担当してくれたのに、実際の支援がスタートすると担当が代わっているというパターンです。「この人だったら頼れる」と思って契約したのに、実際の担当者が経験値の浅い社員や、新卒社員になってしまうというケースは多々ありますので、注意してください。契約後、担当者が誰になるのかは、事前にしっかりとヒアリングをしておくことが大事です。

⑥提案がテンプレ化されている

ＫＧＩやＫＰＩが異なるため、ＳＮＳマーケティングの内容が他社と同じことはありえません。それにもかかわらず、提案内容がテンプレ化されていたら、その支援会社とは方向性が違うと認識すべきです。提案は、カスタマイズしているものが基本です。

⑦ノウハウの開示がなく、ブラックボックスになっている

ＳＮＳ運用において、ノウハウの開示をする支援会社は実は多くありません。しかし、支援内容がブラックボックス化すると、支援会社依存になってしまいます。そうなるとランニングコストもかかってしまうので、費用対効果が落ちてしまうこともありえます。

社内でリソースを割けない時や、ＳＮＳマーケティングや運用に関する知識がほぼない時などは、支援会社に依頼することは間違っていません。プロの知識と経験にはかなわない部分が多々あるからです。だからこそ、依頼するタイミング、どの支援会社に依頼するかなど

は、社内できちんと考えるようにすべきです。経費を使って依頼するわけですから、お互いに良い結果を生むようにしたいものです。そして、最終的には内製化を目指し、その最終ゴールに見合うサポートをする支援会社を探すことが重要です。

第5章

日進月歩のＳＮＳの世界……

潮流に乗って
ＳＮＳマーケティングを制す！

ＳＮＳ市場は、まだまだ右肩上がり

ＳＮＳの普及が加速し、企業においてもさまざまな活用方法が見いだされてきました。その最たるものがＳＮＳマーケティングですが、昔と少し違うのは、ＳＮＳ市場におけるあらゆる事象はスピーディーに変化するのがデフォルトだということです。そのため、ＳＮＳマーケティングの将来性や伸びしろについて、疑問を覚える人や企業も少なくないのだと思います。

しかし私は、ＳＮＳはまだまだ成長の過程にあり、将来性も高く、今からでもＳＮＳマーケティングに取り組む価値は十分にあると思います。また、今後も効果を持つ集客手法がＳＮＳであることは変わりません。

[図表8] SNSサービス別広告の特徴

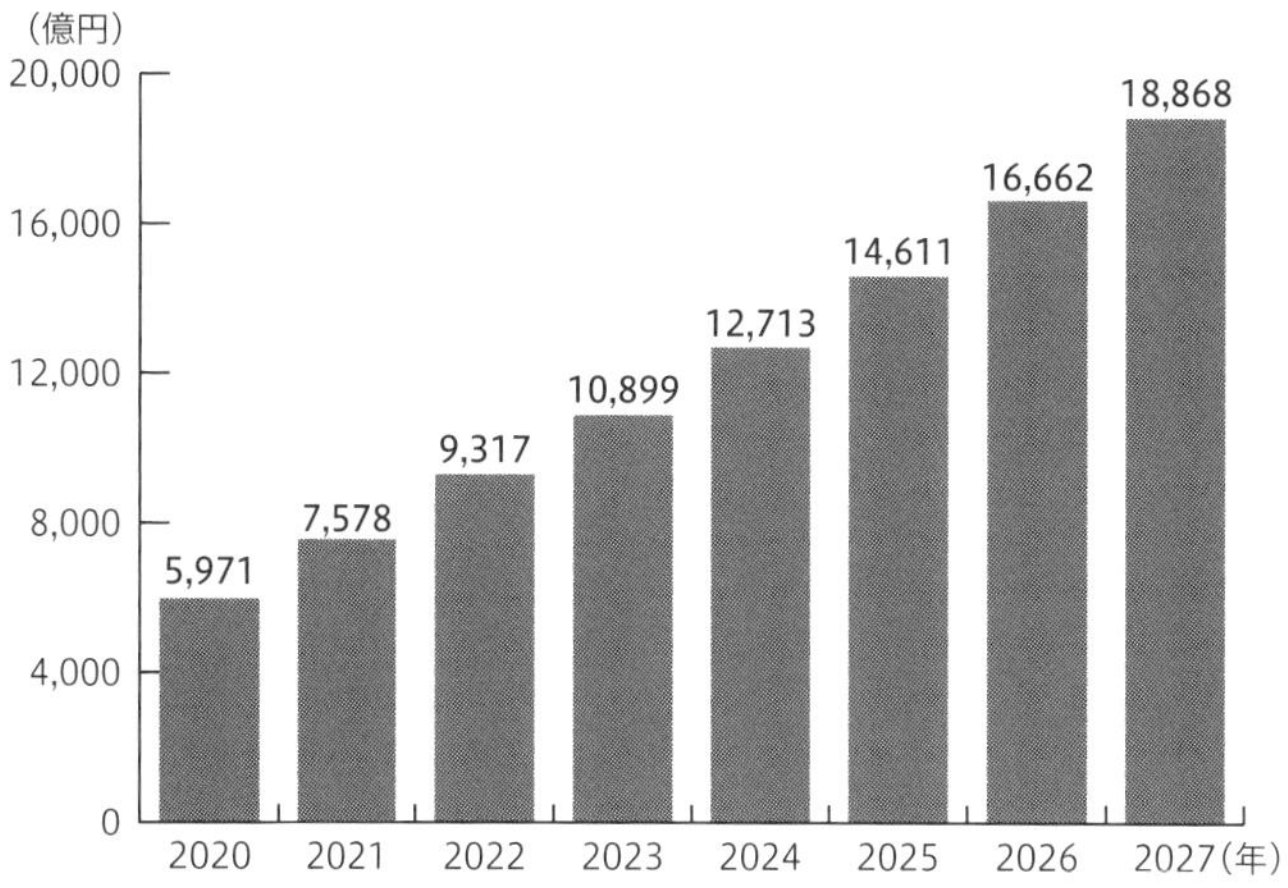

出典：サイバー・バズ／デジタルインファクト調べ

ＳＮＳの利用率は年々高まっており、若者層の人気が高いことはいうまでもありません。それ以外の年代層においてもＳＮＳ利用率はどんどん高くなり、高年齢者層にも拡大しています。この傾向から、ＳＮＳはさらに一般的なツールとして、今後も普及し続けると考えられています。可処分時間に、ＳＮＳを利用する人もさらに増える見込みです。ＳＮＳの利用時間の増加は、ＳＮＳで商品やサービスの購入の確率を高めることになりますから、需要も十分に見込めます。

その傾向を受け、市場規模もさらに拡

大していきます。SNSは企業とユーザーがコミュニケーションを図れる唯一の場です。「個の時代」に向かう今、企業がどれだけユーザーと信頼関係を構築できるかが、事業の鍵を握ることになると考えられます。また、SNSは中長期的な視点で運用するため、改善しやすいメリットもあります。ユーザー視点を取り入れやすく、リピーターに対するアプローチを図ることにも適しているため、SNSを販売チャネルとする企業はさらに増加するはずです。これらの背景から、SNSマーケティング市場は今後さらに拡大し、2027年には今の約1・7倍になるとしている調査報告もあります（サイバー・バズ／2022年デジタルインファクトによるソーシャルメディアマーケティング市場動向調査）。

また、TikTokやYouTubeは飽和状態と言われながらも、ここ1～2年で大きな成果を出しているクリエイターも多く、可能性は十二分にあることを証明しています。SNSの活用法は出切ったと思われがちですが、決してそうではありません。

「バズ」を創り出す仕組み

ＹｏｕＴｕｂｅは今、ショート動画に人が流れていますが、その傾向をキャッチし、ショート動画に絞って毎日投稿することで、大きな結果をつかんだクリエイターもいます。また、ＹｏｕＴｕｂｅは新規の参入が難しくなったとも言われますが、最近になりチャンネル開設をして、短期間で登録者数を増やしている人もいます。登録者数を伸ばした人は、人口減少の傾向にある日本をターゲットにするのではなく、海外にも視野を広げることを意識しています。海外でもウケる内容にするにはどうすればいいかをリサーチし、結果、桁違いのスピードでチャンネル登録者数ならびに再生回数を上げているのです。つまり、どれだけ「オワコン」といわれるプラットフォームでも、視点を変えてやり方を工夫すれば、可能性は無限に広がるということです。

実は業界や業種によっては、バズを創り出す仕組みがあります。例えば、ＹｏｕＴｕｂｅだとモーニングルーティンや帰宅してからのルーティン、家事のルーティン公開は、比較的バズりやすいと言われています。美容系だと、スキンケアルーティンやメイクのルーティンなども人気です。「ＧＲＷＭ（Get Ready With Me：私と一緒に準備しよう）」や「ＨＡＵＬ」もバズを起こしやすいとされています。ＧＲＷＭ動画とは、出かける前に行うスキンケアやメイク、服やアイテム選び、ヘアスタイリングなど一連の様子をまとめたものを指します。ＨＡＵＬ動画は、アカウント主の購入品を紹介するというものです。それ以外に、「ルームツアー」と称して自宅や作業部屋を公開したり、「インマイバッグ」として、バッグの中身を紹介したりする動画も再生回数が伸びやすいことで知られます。

バズは、企画内容そのものというよりは、この分野だとこの企画というように、ある程度の法則があります。バズるものはジャンルによって一定数決まっているので、それを押さえつつも、ユーザーが求めるものに近づければ、バズる確率は上がると考えられます。昔のテレビ業界で、「子ども・動物・ラーメン」は視聴率が取れると言われていました。ＳＮＳ周りでもそれと近い事象が起こっています。

しかしこれはＳＮＳに限ったことではありません。例えば「ＹＯＬＵ」も、ある意味、遅咲きの商品です。スキンケア用品ブランドのＢＯＴＡＮＩＳＴが、「夜間美容」という発想から開発したこの商品は、大ヒット商品として今も人気を博しています。この商品が生まれたのは、今から数年前のことです。購入意向調査を行い、商品と親和性の高いインフルエンサーに商品を送り、気に入ればＳＮＳ投稿してもらえるようお願いする形で、ＳＮＳマーケティングにおいては極めてスタンダードな施策を実行してきました。ＳＮＳ投稿をしてくれたインフルエンサーは複数いましたが、中でも気に入った商品のことしか投稿しない有名なインフルエンサーがこの商品を取り上げ絶賛したことがバズを起こし、売上を大きく伸ばすことができました。しかし、このバズが起きたのは、発売から数年経ってからのことです。ＳＮＳをうまく活用し、力を入れたからこそできた事例といえます。

SNS上では、最前線で活躍しているクリエイターが、これまでにない発想で中長期的に戦略を仕掛けて成功しています。そして、いくら世間が「オワコン」とか「飽和状態」と揶《や》揄《ゆ》しても、大きな成果をつかんでいるのです。企業も訴求ポイントを的確に押さえて戦略を展開すれば、大きな成果につなげることができます。

SNSが秘める可能性は無限です。しかし、それを活かせるかどうかは使い方次第です。企業でいえば、SNSマーケティングを担う人次第ということです。また、今からSNSマーケティングを導入するのは決して遅くはありません。むしろこのタイミングだからこそ、独自性を出せるという面もあります。何かを始めるのに、遅すぎるということは決してないということです。

SNSマーケティングに活用されるAI

最近大きな話題となったのが、ＣｈａｔＧＰＴなどのＡＩの台頭です。それにより、人間の仕事が奪われ、雇用問題になるのではないかと危惧されるほど、その発展には目覚ましいものがあります。また、ＡＩの画像生成を使って架空の人物を生み出し、それをインフルエンサーとして活用するという手法も注目を集めています。しかしＳＮＳ運用において、ＡＩの活用は十分に注意しなければなりません。そのリスクについては、効率化にだけ意識を向けてしまうと失うものがあることを念押ししておきたいと思います。

ＳＮＳ上で、企業アカウントにコンタクトをとるユーザーが求めるのは、有益な情報だけではありません。コメントやダイレクトメッセージで「中の人」とやり取りをすることで、人との温もりをリアルに感じてファンになることも多々あります。リアルの生活でも、たまたま利用したお店のスタッフ対応がとても良くて、商品やサービスのファンになった、リピーターになったということも珍しくありません。それはＳＮＳにおいても同様に起ることであり、「中の人」の対応一つで、ファンを増やすことも減らすこともできるのです。

また、プラットフォーム自体がＡＩによる投稿や発信を制限し始めていることも知っておくべきです。Ｉｎｓｔａｇｒａｍでは、ＡＩによる生成画像と実際の画像を区別できるようにするための機能導入が進んでいます。ＡＩで生成した投稿自体のエンゲージメントを下げるということも公表しており、今後その流れはさらに強まると思われます。素人からすると、ＡＩの生成画像と実際の画像を判別するのは難しいですが、ＭｅｔａやＸなどで活躍するエンジニアにとって、それはさほど難しいことではありません。また、ＡＩ生成画像が悪用されるリスクもありますので、各プラットフォームの対策は厳格化すると考えるのが妥当です。

ＳＮＳの運用を支援会社に丸投げするだけでは成功しない

企業がＳＮＳマーケティングを進める際には、ＳＮＳそのものの本質やプラットフォームごとの特徴についても十分に理解することが求められます。施策を打ったところで、その本質がＳＮＳとズレていたら、それは淘汰の対象になるということですから、その点は十分に意識しなくてはなりません。

また、ＳＮＳマーケティングを支援会社に丸投げしていると、そのズレに気づくことができません。業務効率化はあくまでも企業にとってのメリットであり、ユーザーやファンにとってのメリットにはならないことを再度認識する必要があります。

支援会社に協力してもらうことと、ブランドホルダーである企業がやるべきことは異なります。支援会社に依頼する際は、自社ですべきことと委託することの棲み分けを明確にし、舵取りは自社が行うのがベストです。それを怠り、ファン離れを起こしている事例が多々あるということも知っておくべきです。

また、SNSの各プラットフォームのアルゴリズムは頻繁に変わります。アルゴリズムの変更は通知されるものではないため、「そういえば、いつの間にか投稿が変わったな」と感じて、ようやく気がつくことも珍しくありません。企業の中には、アルゴリズムをハック（操る）しようと頑張るところがあります。しかし、随時キャッチアップするのは非常に大変で、かつ専門的な知識がないと難しい側面があり、アルゴリズムハックに時間を割くのは効率的とはいえません。

ですから、時間とお金を費やしてアルゴリズムハックをするよりも、自社のお客様に対してアクションする機会を増やすほうが有意義だと考えることが大事です。一人ひとりに対して丁寧に対応し、コメントやダイレクトメッセージに対応し続けることで、最終的に売上向上やブランディングにつながります。アルゴリズムの変化に振り回される必要はありません。自分たちのやるべきことは何かを明確にし、お客様を軸に置いてSNS運用をしていくことが重要なのです。

無限の可能性を秘めたSNSマーケティング

SNSが世間に広まってから、まだ10年ほどしか経っていません。SNSは予想をはるかに上回るスピードで私たちの生活に根付き、さらに利用者数を増やしています。それに伴い、SNSに割く時間も増加する一方です。SNSの登場により、時代は「個の時代」に進みつつあります。企業が主役となり情報を「マス」に発信する時代が終わり、個人がコンテンツを発信して主役になる時代がスタートしました。SNSにおいて、主役となるのは個人ユーザーです。この傾向は、今後さらに強まると考えられます。

企業がやるべきことは、個人ユーザーに自社の商品やサービスをどのようにして知ってもらうか、どのように使ってもらえるかを考えることです。フォロワーではなくファンを増やし、個人の投稿で自社の商品やサービス、ブランドを登場させてもらえる頻度を増やすことに注力するのです。

ＳＮＳの市場は今後さらに拡大し、メインとなるメディアもＳＮＳに移行していきますが、見方を変えれば、マスがない時代に突入していくということです。メディアは個人別に細分化され、さらに多様性が増すでしょう。そうなると、これまでのようにカテゴライズして対策をとることはさらに難しくなります。すべてにおいて境界線の曖昧化が進むため、企業はすべてのＳＮＳを網羅しておかなくてはなりません。そして今後の動向について常に確認し、自社の顧客やファンに対してどのように発信すればいいか、何を通して発信すればいいのかも常に確認することが重要です。もちろん、全社を挙げてＳＮＳに挑む、横串を意識することも欠かせません。

ＳＮＳをうまく活用している企業の一つで、アンバサダーマーケティングで目覚ましい成果を上げているのが、ベースフード株式会社の「BASE　FOOD」です。この商品は完全栄養食と銘打ち、医学専門家などの推薦も受け、簡単でおいしく、体にいい「スマートフード」として販売しています。商品は、パスタやパン、クッキーなどですが、商品には26種のビタミンやミネラル、たんぱく質、食物繊維などが入っています。オンラインでも購入できますが、コンビニでも気軽に買うことができ、残業や不規則勤務の人たちの間で大ヒットしています。

この企業はアンバサダー制度を設けて、SNSで商品の魅力について投稿してもらっています。アンバサダーになると定期的に商品が届く以外に、限定コミュニティに招待されるなど、アンバサダーをやりたくなる仕組みが確立されています。アンバサダーは期間限定で募集されることが多く、フォロワーがそれほど多くなくても、熱意のある投稿をすることができれば採用されています。

また「ひなたライフ」というインテリア雑貨の総合通販の会社は、特にInstagram

のアンバサダーは人気があり、常に300〜500人を集めています。各アンバサダーの投稿はユーザーに大人気で、投稿内容によってはバズることも多いのです。

この2社の例でも分かるように、企業がすべきことは、自社の商品やサービス、ブランドを心から好きでいてくれる、熱意のあるファンを集めることです。優秀な個人を集めることができれば、バズは頻繁に起こすことができます。

誰もが知る「無印良品」は、最近アンバサダーを活用し始めました。もともとが超人気ブランドですから、当然ながらバズっています。メジャー企業であってもコツコツとファンを作り、アンバサダーを活用しているわけですから、商品やサービスが合致するなら、やらない手はありません。

もしアンバサダーを募集しても、手を挙げる人がいなければ、それは自社の商品やサービス、ブランドがまだ確立されておらず、認知もされていないということです。そもそものファンがいない、もしくは少ないということにほかなりません。ならば、やるべきことは、アンバサダーの募集ではなくファン作りからです。コミュニケーションやブランドアプローチをさらに工夫し、コメントやダイレクトメッセージの返信をまめに行うことから始める必要があります。

企業体制の見直しも必要

ＳＮＳマーケティングは最終的な結論が出しにくい媒体です。手応えや効果を感じるということが難しく、どのＳＮＳがどのように売上や認知度向上、ブランディングに貢献しているのか、どの施策が効果を発揮したのか、不明瞭であることがほとんどです。相関関係を見いだすのも難しく、適切に判断することができません。

企業がＳＮＳマーケティングをする場合、当然ながら予算を計上することになりますが、その予算割合は広告獲得割合が高めで、ブランディング予算（自社のファンを増やすための予算）の割合は1～2割というところが多いです。中小企業は、マス広告が必要だと考えている、広告やブランディングの予算がない、リソース不足、ノウハウがないということから、ブランディング予算を計上しない判断をしているところも少なくありません。しかし、実際には中小企業こそブランディング予算を多めに取り、企業ブランディングを行う必要があるのです。そうすることで、中小企業は大企業がカバーしきれないニーズを満たすことができ、商品を比較する際に選ばれやすくなります。

ブランディングは、売上とも深く関連しています。ブランディングをすることで売上向上につながることは珍しくなく、また、ブランディングの成功はマーケットにおいての競争力を上げることにもなります。ブランディングにお金がかかることを懸念する企業もありますが、自社でコンセプトや軸をきちんと明確にしておけば、かかるコストを安く抑えることができます。そのためには、何がゴールかを明確に定め、やるべきことと、やる必要がないことを棲み分けし、予算内で集中的に動く必要があるのです。

そのためにも、SNSをブランディング予算にきちんと組み込み、SNSを含めて全体最適を目指してください。企業やチームが組織として最適な状態であれば、高いパフォーマンスを発揮し、全体で目標に向かい、望む結果が得られます。

もしSNSマーケティングがずっと赤字という場合には、SNS運用の予算を削るのか、SNS自体をやめるのかという判断をすることになりますが、その際は「そもそもSNSは短期で結果が出せるものではない」ことを思い返すことが大事です。中長期で何年もやり続け、ようやく効果が出ることを社内の全員が理解していれば、安易にSNSをやめてしまい、売上が落ちてしまうことにはなりません。SNSは、信じてやり抜くしかないマーケティング手法です。言い換えれば、継続しなければ、望む成果を得ることはできません。では効果を何で見るのかというと、それは全体売上と、費用対効果が適切かどうかでしか測ることはできないと私は考えます。

SNSは進化の速い世界

当たり前ですが決して忘れないでほしいのが、SNSは進化し続けているということです。SEOやGoogle、Yahoo!広告がメインだった頃から約10年、WEBマーケティング業界で戦ってきた私は、SNSはとにかく進化と変化の連続だと常々考えています。今までは有益で効果的だった運用方法が、突然、まったく無意味になってしまう可能性もあります。SNSを募集活動に利用するのであれば、日々のアンテナを張りめぐらせて常に最新情報をキャッチアップしなくてはなりません。

今、私たちの身近にあるモノやコトは、今後さらにインターネット化していきます。この流れは誰にも止められません。これからの世界では、自動車の運転は人からAIに変わり、人は車に乗っているだけという状態が当たり前になり、また、店舗にいるのはロボットのみという無人店舗もさらに増えると思います。オンライン診療やオンライン処方箋の取り組みはさらに進み、病院や薬局に行くのはまれなことという時代が確実にやって来ます。

そのような時代の変化を受け、SNSの存在意義は今後さらに強くなります。企業はSNSの動向を常にチェックしながら、自社の顧客に対して何ができるのか、本質に沿いながら探求していかなくてはなりません。となると、SNSにどれだけのリソースを割くことができるかが、企業の生き残りに影響します。横串を意識し、経営層と現場が一丸となってSNS運用に取り組める体制を作れるかどうかで、未来は大きく変わるのです。

企業の生き残りをかけて、決して短期で結果を出そうと焦らずに、時代とともにユーザーに愛される企業を目指すべきです。そのためにも正しいSNSマーケティングの手法を知り、望む未来のために、この本を閉じた瞬間から取り組みをスタートさせてほしいと思っています。

おわりに

ここまで読んでいただき、ありがとうございます。SNSマーケティング、およびSNS運用の大きな可能性に気づいていただけたことと思います。その裏で、あなたの会社が抱える問題も明らかになったのではないでしょうか。しかし、問題が分かれば、そこからは解決に向けて動くのみです。中小企業は、どうしてもリソースが不足しがちで、その部分がネックになりSNS運用に取り組めないと思われがちですが、決してそうではありません。うまくいっている企業は、創意工夫しながらSNSを運用しています。俯瞰の目で世の中を観察し、中長期で柔軟に変化に対応しながら、余計なリソースを割かずにSNS運用をする方法はまだまだあるということです。

私はＳＮＳマーケティングの支援をしていますが、それとは別に物販事業も手掛けています。通販やＥＣ、リアル店舗の事業もしていますが、集客はすべてＳＮＳのみで行い、ＳＮＳだけで望む成果を得ることができています。目立った施策はしていませんので、ＳＮＳ投稿だけで成果を得ることができていると実証しているわけです。なぜこれが実現できているのか。それは会社を挙げてＳＮＳを運用したからです。さまざまな分野の商品やサービスごとにいろいろと試し、うまくいった事例のみを抽出し、それを継続することで成果につなげています。私がＳＮＳマーケティングの支援をする場合は、このうまくいった事例のみを抽出し、クライアントに展開しています。あらゆるデータを持っていますので、どんな商品やサービスでも成果が出やすいことが、クライアントに喜んでいただいているポイントです。

時代を予測するのは、年々難しくなります。また、すべてにおいて境界線が曖昧になり、カテゴライズやセオリー化することも容易ではなくなりました。これからもその傾向はますます強くなるでしょう。だからこそ、本質とは何かをとらえ、そこからズレないことが大切です。それこそが、変化がデフォルトの時代を生き残るための秘策だと私は考えています。

本書がそのためにお役に立てることを、心から願っています。

【著者プロフィール】

富田 竜介（とみた りゅうすけ）

ハピラフデジタル合同会社 代表

2019年にハピラフデジタルを創業。SNSアカウントは累計250アカウント／500万フォロワー以上の支援実績を誇る。2019年からYouTubeチャンネル『トミーのハピラフカレッジ-SNSマーケティング戦略』を運営し、SNSマーケティングを活用する企業やブランドに向けて解説動画を配信中。

著者のYouTube
チャンネルはコチラ

本書についての
ご意見・ご感想はコチラ

99%の経営者は知らない
中小企業のための正しいSNSマーケティング

2023年12月22日　第1刷発行

著　者　　富田竜介
発行人　　久保田貴幸

発行元　　株式会社 幻冬舎メディアコンサルティング
〒151-0051　東京都渋谷区千駄ヶ谷4-9-7
電話　03-5411-6440（編集）

発売元　　株式会社 幻冬舎
〒151-0051　東京都渋谷区千駄ヶ谷4-9-7
電話　03-5411-6222（営業）

印刷・製本　中央精版印刷株式会社
装　丁　　秋庭祐貴

検印廃止

Printed in Japan
ISBN 978-4-344-94760-3 C0034
幻冬舎メディアコンサルティングＨＰ
https://www.gentosha-mc.com/